Curso

*La diferencia entre aprobar
y sacar plaza*

Técnico/a Auxiliar de Informática

ADMINISTRACIÓN GENERAL DEL ESTADO

(ACCESO LIBRE)

Si aún no dispones de tu **Curso MAD360**, te ofrecemos un acceso GRATIS de 30 días para que disfrutes de los siguientes recursos:

- Técnicas de Memoria 360.
- MADTEST: Test *online* Nivel PRO.
- Temario en formato digital.
- Planificación de estudio.
- Foro entre opositores hasta la fecha del examen.*
- Recursos y novedades exclusivas.
- Consúltanos sobre tu oposición y proceso selectivo.
- Actualizaciones legislativas (Boletines Oficiales) hasta 60 días antes de la fecha del examen.*

Para acceder a esta prueba del Curso MAD360** será necesaria la compra de todos los libros para esta especialidad de la edición 2025.

Regístrate en **mad.es/iniciar-sesion** y en la pestaña BIBLIOTECA valida los códigos que encuentras en la última página de tus libros.

AF212409

NOTA IMPORTANTE:

* Examen de esta categoría profesional correspondiente a la convocatoria siguiente a la publicación de este libro, o hasta el 31 de enero de 2026, lo que se cumpla antes, y previa renovación del servicio.

** El acceso al CURSO MAD360 estará disponible desde junio de 2025 (algunos recursos podrían estar disponibles en fecha posterior). Tendrá una duración de 30 días RENOVABLES mediante pago, desde la validación de códigos, o hasta el 31 de diciembre de 2026, lo que se cumpla antes.

MAD se reserva el derecho a ampliar dichas fechas.

Técnico/a Auxiliar de Informática de la Administración General del Estado (Acceso Libre)

Junio, 2025

Técnico/a Auxiliar de Informática de la Administración General del Estado (Acceso Libre)

Test y Supuestos Prácticos

Autores

EQUIPO DE REDACCIÓN DE EDITORIAL MAD
(TEST BLOQUE I: 1, 2, 3, 4, 5, 6, 7, 8, 9)

SERGIO JIMENO MOLINS
Ingeniero Superior en Telecomunicaciones
Profesor de Educación Secundaria Obligatoria y Bachillerato
(TEST BLOQUE II: TEST 1, 2, 3, 4, 5)

CARLOS TOJEIRO ALCALÁ
Ingeniero Informático
Titulado MCP de Microsoft
(TEST BLOQUE III: TEST 1, 2, 3
TEST BLOQUE IV: TEST 1, 2, 3, 7, 8, 9, 10
SUPUESTOS PRÁCTICOS 1 Y 2)

FRANCISCO JOSÉ RACERO MONTES
Ingeniero Técnico Industrial
Ingeniero en Automática y Electrónica Industrial
Licenciado en Derecho
Profesor de Educación Secundaria en Sevilla
Especialidades: Sistemas Electrotécnicos y Automáticos, y Tecnología
Profesor de la Universidad Pablo de Olavide de Sevilla
(TEST BLOQUE III: TEST 4, 5
SUPUESTO PRÁCTICO 3)

JUAN CARLOS RAMÍREZ FERNÁNDEZ
Ingeniero de Telecomunicaciones
Profesor de Educación Secundaria en Sevilla.
Especialidad: Tecnología
Profesor de Universidad Pablo de Olavide de Sevilla
(TEST BLOQUE III: TEST 6, 7
TEST BLOQUE IV: TEST 4
SUPUESTO PRÁCTICO 4)

MIGUEL BALDOMERO RAMÍREZ FERNÁNDEZ
Doctor en Educación y Ciencias Sociales
Ingeniero Técnico Industrial/Graduado en Ingeniería
Mecánica/Ingeniero de Organización Industrial Ex profesor
de Educación Secundaria. Especialidad Tecnología
Inspector de Educación de Sevilla
Profesor de la Universidad Pablo de Olavide de Sevilla
(TEST BLOQUE III: TEST 8, 9
SUPUESTO PRÁCTICO 5)

JAVIER Mª SALGADO BENITO
Ingeniero Técnico de Telecomunicación
Profesor de Enseñanza Secundaria de Formación
Profesional, especialidad de Sistemas electrónicos
(TEST BLOQUE IV: TEST 5 y 6
SUPUESTO PRÁCTICO 6)

© 7 Editores Recursos para la Cualificación Profesional y el Empleo, S.L. (7 Editores)
© Los autores
Primera edición, junio 2025 (194 páginas)
Derechos de edición reservados a favor de 7 Editores
IMPRESO EN ESPAÑA
Diseño Portada: 7 Editores
Edita: 7 Editores
Avda. San Francisco Javier, 9 · Edificio Sevilla 2 · Planta 11 · Módulos 25-27 · 41018 Sevilla
Teléfono: 954 784 411 · WEB: www.mad.es · e-mail: administracion@7editores.com
ISBN: 978-84-142-9554-0
© "Editorial Mad" y "Eduforma" son nombres comerciales registrados de
7 Editores Recursos para la Cualificación Profesional y el Empleo, S.L.

Presentación

El presente manual es un complemento imprescindible para la adecuada preparación del opositor a las pruebas para acceder a plazas del Cuerpo de Técnicos Auxiliares de Informática de la Administración General del Estado, conforme con el programa oficial de la última convocatoria publicada en el BOE n.º 166, de 10 de julio de 2024.

El libro está estructurado en dos partes:

- **Test**: preguntas con respuestas alternativas referidas a los temas de los bloques I, II, III y IV.

- **Supuestos prácticos**: planteamiento y resolución de 4 casos prácticos, desglosados cada uno en preguntas con respuestas alternativas.

Se trata de una pequeña muestra de todo lo que podrás encontrar en tu curso MAD360. Consulta las condiciones en la primera página de tu manual.

Índice

TEST

I. ORGANIZACIÓN DEL ESTADO Y ADMINISTRACIÓN ELECTRÓNICA

II. TECNOLOGÍA BÁSICA

III. DESARROLLO DE SISTEMAS

IV. SISTEMAS Y COMUNICACIONES

SUPUESTOS PRÁCTICOS

TEST

I. Organización del Estado y Administración Electrónica

TEST N.º 1

La Constitución Española de 1978. Derechos y deberes fundamentales. Su garantía y suspensión. La Corona: funciones constitucionales del Rey

1. ¿En qué se fundamenta la Constitución Española?

a) En un Estado social y democrático de Derecho.
b) En la indisoluble unidad de la Nación española.
c) En la independencia de los poderes del Estado.
d) En la organización territorial del Estado.

2. Según el artículo 3 de la CE, el castellano es la lengua oficial del Estado y todos los españoles:

a) Tienen el deber de usar y el derecho de conocer el castellano.
b) Tienen el derecho y el deber de conocer el castellano.
c) Tienen el deber de conocer y el derecho de usar el castellano.
d) Tienen el derecho de conocer y usar el castellano.

3. La Constitución Española reconoce y garantiza el derecho a la autonomía:

a) De las nacionalidades que la integran.
b) De las regiones que la integran.
c) De las Comunidades Autónomas que la integran.
d) De las nacionalidades y regiones que la integran.

4. El Preámbulo de la Constitución:

a) Tiene en sí carácter de norma jurídica.
b) Es una declaración de intenciones, destinada a interpretar lo que se quiere alcanzar con el contenido normativo de la Constitución.
c) Se trata de un texto sin fuerza jurídica de obligar.
d) Las respuestas b) y c) son correctas.

5. Señala la respuesta correcta, respecto de la aprobación, ratificación y publicación de la Constitución Española:

a) Aprobada por las Cortes el 31 de octubre de 1978, ratificada por el pueblo en referéndum el 6 de diciembre de 1978 y publicada el 29 de diciembre de 1978.

b) Aprobada por las Cortes el 30 de octubre de 1978, ratificada por el pueblo en referéndum el 16 de diciembre de 1978 y publicada el 27 de diciembre de 1978.

c) Aprobada por las Cortes el 31 de octubre de 1978, ratificada por el pueblo en referéndum el 16 de diciembre de 1978 y publicada el 29 de diciembre de 1978.

d) Aprobada por las Cortes el 10 de octubre de 1978, ratificada por el pueblo en referéndum el 26 de diciembre de 1978 y publicada el 30 de diciembre de 1978.

6. ¿En qué parte de la Carta Magna se establece la exposición de motivos que impulsan la norma constitucional y los objetivos que con ella se pretenden alcanzar?

a) En el Título Preliminar.
b) En el Preámbulo.
c) En el Título I.
d) En el Título II.

7. La Constitución Española fue sancionada por:

a) El Rey.
b) El Presidente del Congreso.
c) Las Cortes Generales.
d) El Presidente del Gobierno.

8. ¿Cuáles de los siguientes españoles de origen pueden ser privados de su nacionalidad?

a) Exclusivamente los miembros de grupos terroristas.
b) Los miembros de grupos terroristas y los que atenten contra el Rey u otro miembro de la Casa Real.
c) Los que atenten contra un miembro de la Familia Real o del Gobierno de la Nación.
d) Ningún español de origen podrá ser privado de su nacionalidad.

9. Según la CE son fundamentos del orden político y la paz social:

a) La dignidad de la persona, los derechos violables que les son inherentes y el respeto a la ley.
b) La dignidad de la persona, el desarrollo limitado de la personalidad y el respeto a la ley.
c) El respeto a la ley, a los reglamentos administrativos y demás disposiciones legales.
d) La dignidad de la persona, los derechos inviolables que le son inherentes, el libre desarrollo de su personalidad, el respeto a la ley y a los derechos de los demás.

10. ¿Cuál de los siguientes es considerado por la CE como uno de los valores superiores del ordenamiento jurídico?

a) La jerarquía normativa.
b) El pluralismo político.
c) La publicidad normativa.
d) La equidad.

En MADTEST tienes **más preguntas de este tema**, y todos tus avances quedan registrados y se reflejan en el ranking.

¡Supera tus límites con MADTEST!

Solución al test n.º 1

1. b) En la indisoluble unidad de la Nación española.

2. c) Tienen el deber de conocer y el derecho de usar el castellano.

3. d) De las nacionalidades y regiones que la integran.

4. d) Las respuestas b) y c) son correctas.

5. a) Aprobada por las Cortes el 31 de octubre de 1978, ratificada por el pueblo en referéndum el 6 de diciembre de 1978 y publicada el 29 de diciembre de 1978.

6. b) En el Preámbulo.

7. a) El Rey.

8. d) Ningún español de origen podrá ser privado de su nacionalidad.

9. d) La dignidad de la persona, los derechos inviolables que le son inherentes, el libre desarrollo de su personalidad, el respeto a la ley y a los derechos de los demás.

10. b) El pluralismo político.

TEST N.º 2

Las Cortes Generales: atribuciones del Congreso de los Diputados y del Senado. El Tribunal Constitucional: composición y atribuciones. El Defensor del Pueblo

1. El nombramiento del Defensor del Pueblo se efectuará por un período de:

a) 7 años.
b) 9 años.
c) 5 años.
d) 3 años.

2. El Defensor del Pueblo se configura constitucionalmente como alto comisionado:

a) Del pueblo.
b) De las Cortes Generales.
c) Del Poder Judicial.
d) Del Gobierno.

3. ¿De quién recibe órdenes el Defensor del Pueblo?

a) De las Cortes Generales.
b) No está sometido a mandato imperativo.
c) De los Tribunales.
d) Del Gobierno.

4. Las Cámaras se reúnen en sesiones:

a) Ordinarias y extraordinarias.
b) Simples o conjuntas.
c) Ordinarias, extraordinarias y conjuntas.
d) Ordinarias, extraordinarias y de urgencia.

5. Para adoptar acuerdos, las Cámaras deben estar reunidas reglamentariamente y con asistencia de la mayoría de sus miembros. Dichos acuerdos, para ser válidos, deberán ser aprobados:

a) Por la mayoría de los miembros presentes.
b) Por mayoría absoluta de sus miembros.
c) Por los 3/5 de cada una de las Cámaras.
d) Por los 2/3 del conjunto de las Cámaras.

6. ¿En qué plazo deberá ser convocado el Congreso electo tras la celebración de elecciones?

a) Entre los 30 y 60 días siguientes.
b) Dentro de los 25 días siguientes.
c) Entre los 10 y 30 días siguientes.
d) Dentro de los 30 días siguientes.

7. En las causas contra Diputados y Senadores será competente:

a) La Sala de lo Civil del Tribunal Supremo.
b) La Sala de lo Social del Tribunal Supremo.
c) La Sala de lo Contencioso-Administrativo del Tribunal Supremo.
d) La Sala de lo Penal del Tribunal Supremo.

8. Las Diputaciones Permanentes estarán presididas por:

a) El diputado de mayor edad.
b) El diputado del grupo parlamentario más numeroso.
c) El Presidente del Gobierno.
d) El Presidente de la Cámara respectiva.

9. ¿Cuántos Senadores corresponderán a Menorca?

a) 1.
b) 2.
c) 3.
d) 4.

10. Las sesiones conjuntas del Senado y del Congreso serán presididas:

a) Por el Rey.
b) Por el Presidente del Gobierno.
c) Por el Presidente del Congreso.
d) Por el Presidente del Senado.

En MADTEST tienes **más preguntas de este tema**, y todos tus avances quedan registrados y se reflejan en el ranking.

¡Supera tus límites con MADTEST!

Solución al test n.º 2

1. c) 5 años.

2. b) De las Cortes Generales.

3. b) No está sometido a mandato imperativo.

4. c) Ordinarias, Extraordinarias y Conjuntas.

5. a) Por la mayoría de los miembros presentes.

6. b) Dentro de los 25 días siguientes.

7. d) La Sala de lo Penal del Tribunal Supremo.

8. d) El Presidente de la Cámara respectiva.

9. a) 1.

10. c) Por el Presidente del Congreso.

TEST N.º 3

El Gobierno: composición, nombramiento y cese. Las funciones del Gobierno. Relaciones entre el Gobierno y las Cortes Generales

1. ¿Qué Título de la Constitución está dedicado a la regulación del Gobierno?

a) El Título III.
b) El Título IV.
c) El Título V.
d) El Título VII.

2. ¿Cuál de las siguientes figuras no es imprescindible en la composición del Gobierno?

a) El Presidente.
b) Los Ministros.
c) Los Vicepresidentes.
d) Los Vicepresidentes y los Ministros.

3. ¿Cuál de los siguientes órganos indicados es un órgano superior de un departamento ministerial?

a) El Secretario de Estado.
b) El Director General.
c) El Secretario General.
d) El Secretario General Técnico.

4. ¿Cuál de las siguientes funciones puede ser ejercida por un Presidente del Gobierno en funciones?

a) El planteamiento de una cuestión de confianza.
b) La propuesta al Rey de celebración de un referéndum consultivo.
c) La celebración de Consejos de Ministros.
d) La propuesta al Rey de disolución de las Cámaras.

5. ¿Qué número de Diputados es necesario para interponer una moción de censura?

a) Mayoría simple de la Cámara.
b) Una décima parte de la Cámara.
c) Mayoría absoluta de la Cámara.
d) Dos tercios de la Cámara.

6. Declarado el estado de alarma:

a) Se dará cuenta al Consejo de Ministros, sin cuya autorización no podrá ser prorrogado el plazo inicial.
b) Se dará cuenta al Rey, sin cuya autorización no podrá ser prorrogado el plazo inicial de duración.
c) Se dará cuenta al Congreso de los Diputados, sin cuya autorización no podrá ser prorrogado dicho plazo.
d) Se dará cuenta al Congreso de los Diputados, siendo improrrogable el plazo inicialmente marcado para la duración del estado de alarma.

7. La moción de censura no podrá ser votada hasta que, desde su presentación, hayan transcurrido:

a) Cinco días.
b) Siete días.
c) Diez días.
d) Treinta días.

8. ¿Ante quién responde solidariamente el Gobierno de su gestión política?

a) Ante el pueblo español.
b) Ante las Cortes Generales.
c) Ante el Congreso de los Diputados.
d) Ante el Rey.

9. La disolución de las Cámaras será decretada por:

a) El Rey.
b) El Presidente del Congreso.
c) El Presidente del Gobierno.
d) El Gobierno de la Nación.

10. El ámbito territorial, duración y condiciones del estado de sitio serán determinados por:

a) Las Cortes Generales.
b) El Congreso.
c) El Rey.
d) El Gobierno.

En MADTEST tienes **más preguntas de este tema**, y todos tus avances quedan registrados y se reflejan en el ranking.

¡Supera tus límites con MADTEST!

Solución al test n.º 3

1. b) El Título IV.

2. c) Los Vicepresidentes.

3. a) El Secretario de Estado.

4. c) La celebración de Consejos de Ministros.

5. b) Una décima parte de la Cámara.

6. c) Se dará cuenta al Congreso de los Diputados, sin cuya autorización no podrá ser prorrogado dicho plazo.

7. a) Cinco días.

8. c) Ante el Congreso de los Diputados.

9. a) El Rey.

10. b) El Congreso.

TEST N.º 4

El texto refundido del Estatuto Básico del Empleo Público y demás normativa de aplicación: derechos y deberes, formas de provisión de puestos, promoción interna y carrera profesional; situaciones administrativas, incompatibilidades y régimen sancionador. La Ley 19/2013, de 9 de diciembre, de transparencia, acceso a la información pública y buen gobierno. La Agenda 2030 y los Objetivos de Desarrollo Sostenible

1. El Real Decreto Legislativo 5/2015, de 30 de octubre, por el que se aprueba el texto refundido de la Ley del Estatuto Básico del Empleado Público (EBEP) contiene:

a) Aquello que es común al conjunto de los empleados públicos de todas las Administraciones Públicas.

b) Las normas legales específicas aplicables a los empleados públicos de todas las Administraciones Públicas.

c) Aquello que es común al conjunto de los funcionarios de todas las Administraciones Públicas, más las normas legales específicas aplicables al personal laboral a su servicio.

d) Aquello que es común al conjunto del personal laboral de todas las Administraciones Públicas, más las normas legales específicas aplicables al personal funcionario a su servicio.

2. Para todo el personal de las Administraciones Públicas no incluido en su ámbito de aplicación, el EBEP tendrá carácter:

a) Consultivo.
b) Voluntario.
c) Supletorio.
d) Interpretativo.

3. El artículo 8 del Texto Refundido de la Ley del Estatuto Básico del Empleado Público, aprobado por el Real Decreto Legislativo 5/2015, de 30 de octubre, define como aquellos quienes desempeñan funciones retribuidas en las Administraciones Públicas al servicio de los intereses generales:

a) A los Funcionarios públicos.
b) A los Empleados públicos.
c) Al Personal laboral de las Administraciones Públicas.
d) Al personal estatutario.

4. Corresponden en exclusiva a los funcionarios públicos, en los términos que en la ley de desarrollo de cada Administración Pública se establezca, el ejercicio de funciones:

a) Directivas.
b) Que impliquen la participación directa o indirecta en el ejercicio de las potestades públicas.
c) Del ámbito militar, de la Justicia o de la Hacienda Pública.
d) Que impliquen la participación directa (no la indirecta), en la salvaguardia de los intereses generales del Estado.

5. Es personal eventual el que, en virtud de nombramiento y con carácter no permanente, solo realiza funciones expresamente calificadas como de confianza o:

a) Reservadas.
b) Seguridad.
c) De asesoramiento especial.
d) De asesoramiento general.

6. La condición de personal eventual:

a) Constituye mérito para el acceso a la Función Pública y para la promoción interna.
b) Constituye mérito para el acceso a la Función Pública pero no para la promoción interna.
c) No constituye mérito para el acceso a la Función Pública pero sí para la promoción interna.
d) No podrá constituir mérito para el acceso a la Función Pública o para la promoción interna.

7. La designación del personal directivo de las Administraciones Públicas se llevará a cabo mediante procedimientos que garanticen:

a) La publicidad y concurrencia.
b) La idoneidad.
c) El mérito y la capacidad.
d) El control de resultados.

8. La renuncia voluntaria a la condición de funcionario:

a) Inhabilita para ingresar de nuevo en la Administración Pública.
b) No requiere aceptación expresa por la Administración.
c) Será aceptada expresamente cuando el funcionario esté sujeto a expediente disciplinario o haya sido dictado en su contra auto de procesamiento o de apertura de juicio oral por la comisión de algún delito.
d) Debe ser manifestada por escrito.

9. La pena principal o accesoria, a un funcionario público, de inhabilitación absoluta cuando hubiere adquirido firmeza la sentencia que la imponga, produce:

a) La suspensión de todas sus funciones públicas.
b) La pérdida de la condición de funcionario respecto a todos los empleos o cargos que tuviere.
c) La pérdida de la condición de funcionario respecto a todos los empleos o cargos que tuviere, excepto los cargos electivos.
d) La excedencia forzosa.

10. ¿Pueden los órganos de gobierno de las Administraciones Públicas conceder la rehabilitación de quien hubiera perdido la condición de funcionario por haber sido condenado a la pena principal o accesoria de inhabilitación?

a) No, en ningún caso.
b) Excepcionalmente, atendiendo a las circunstancias y entidad del delito cometido.
c) Solo cuando se trate de una inhabilitación provisional.
d) Sí, cuando la inhabilitación se tratara de una pena accesoria.

En MADTEST tienes **más preguntas de este tema**, y todos tus avances quedan registrados y se reflejan en el ranking.

¡Supera tus límites con MADTEST!

Solución al test n.º 4

1. c) Aquello que es común al conjunto de los funcionarios de todas las Administraciones Públicas, más las normas legales específicas aplicables al personal laboral a su servicio.

2. c) Supletorio.

3. b) A los Empleados públicos.

4. b) Que impliquen la participación directa o indirecta en el ejercicio de las potestades públicas.

5. c) De asesoramiento especial.

6. d) No podrá constituir mérito para el acceso a la Función Pública o para la promoción interna.

7. a) La publicidad y concurrencia.

8. d) Debe ser manifestada por escrito.

9. b) La pérdida de la condición de funcionario respecto a todos los empleos o cargos que tuviere.

10. b) Excepcionalmente, atendiendo a las circunstancias y entidad del delito cometido.

TEST N.º 5

**Políticas de igualdad y contra la violencia de género.
Políticas de igualdad de trato y no discriminación de las personas LGTBI.
Discapacidad y dependencia: régimen jurídico**

1. ¿Qué artículo de la Constitución española consagra la igualdad de todos los españoles ante la ley?

a) El artículo 8.
b) El artículo 14.
c) El artículo 21.
d) El artículo 27.

2. Según su artículo 1, la LO 3/2007 tiene por objeto hacer efectivo el derecho de:

a) Conciliación de la vida laboral y familiar de mujeres y hombres.
b) Igualdad de trato y de oportunidades entre mujeres y hombres.
c) Participación en los asuntos públicos en igualdad de condiciones.
d) No discriminación por razón de sexo.

3. Las obligaciones establecidas en la LO 3/2007 son de aplicación:

a) A toda persona, física o jurídica, que se encuentre o actúe en territorio español, cualquiera que fuese su nacionalidad, domicilio o residencia.
b) A todos los ciudadanos españoles, ya sea en territorio español o territorio de cualquier país extranjero.
c) A toda persona, física o jurídica, que se encuentre o actúe en territorio español, con nacionalidad española.
d) A toda persona, física o jurídica, que resida en territorio español, cualquiera que fuese su nacionalidad.

4. Según el artículo 4 de la LO 3/2007, la igualdad de trato y de oportunidades entre mujeres y hombres:

a) Es un deber de las Administraciones Públicas.
b) Es una fuente formal del Derecho.

c) Es un principio informador del ordenamiento jurídico.
d) Es un objetivo fundamental del procedimiento administrativo.

5. El principio de igualdad de trato y de oportunidades entre mujeres y hombres:

a) Solo se aplica en el ámbito del empleo público.
b) Se garantizará incluso en el acceso al trabajo por cuenta propia.
c) No se aplica en la afiliación y participación en organizaciones sindicales o empresariales.
d) Se garantizará en los términos que prevean los convenios colectivos.

6. La situación en que se encuentra una persona que sea, haya sido o pudiera ser tratada, en atención a su sexo, de manera menos favorable que otra en situación comparable, se considera:

a) Discriminación directa.
b) Acoso sexual.
c) Discriminación indirecta.
d) Violencia de género.

7. Una diferencia de trato basada en una característica relacionada con el sexo, ¿constituye discriminación en el acceso al empleo?

a) Sí, en todo caso.
b) No, siempre que la formación necesaria se base en dicha característica.
c) No, siempre que dicha característica constituya un requisito profesional esencial y determinante.
d) No, si debido a la naturaleza de las actividades profesionales concretas o al contexto en el que se lleven a cabo, dicha característica constituya un requisito profesional esencial y determinante, siempre y cuando el objetivo sea legítimo y el requisito proporcionado.

8. En virtud del artículo 6.2 de la LO 3/2007, la situación en que una disposición, criterio o práctica aparentemente neutros pone a personas de un sexo en desventaja particular con respecto a personas del otro:

a) En cualquier caso constituirá discriminación directa.
b) En cualquier caso constituirá discriminación indirecta.
c) No se considera discriminación indirecta si dicha disposición, criterio o práctica pueden justificarse objetivamente en atención a una finalidad legítima y los medios para alcanzar dicha finalidad son necesarios y adecuados.
d) En ningún caso podrá considerarse discriminación.

9. Conforme al artículo 6.3 de la LO 3/2007, toda orden de discriminar por razón de sexo:

a) Solo se considera discriminatoria si se ordena discriminar directamente.

b) En ningún caso se puede considerar discriminatoria.

c) Solo se considera discriminatoria si ordena una discriminación indirecta.

d) En cualquier caso se considera discriminatoria, sea directa o indirecta.

10. A los efectos de la LO 3/2007, definimos como acoso sexual:

a) Cualquier comportamiento realizado en función del sexo de una persona, con el propósito o el efecto de atentar contra su dignidad y de crear un entorno intimidatorio, degradante u ofensivo.

b) La situación en que una disposición, criterio o práctica aparentemente neutros pone a personas de un sexo en desventaja particular con respecto a personas del otro, salvo que dicha disposición, criterio o práctica puedan justificarse objetivamente en atención a una finalidad legítima y que los medios para alcanzar dicha finalidad sean necesarios y adecuados.

c) Todo trato desfavorable a las mujeres relacionado con el embarazo o la maternidad.

d) Cualquier comportamiento, verbal o físico, de naturaleza sexual que tenga el propósito o produzca el efecto de atentar contra la dignidad de una persona, en particular cuando se crea un entorno intimidatorio, degradante u ofensivo.

En MADTEST tienes **más preguntas de este tema**, y todos tus avances quedan registrados y se reflejan en el ranking.

¡Supera tus límites con MADTEST!

Solución al test n.º 5

1. b) El artículo 14.

2. b) Igualdad de trato y de oportunidades entre mujeres y hombres.

3. a) A toda persona, física o jurídica, que se encuentre o actúe en territorio español, cualquiera que fuese su nacionalidad, domicilio o residencia.

4. c) Es un principio informador del ordenamiento jurídico.

5. b) Se garantizará incluso en el acceso al trabajo por cuenta propia.

6. a) Discriminación directa.

7. d) No, si debido a la naturaleza de las actividades profesionales concretas o al contexto en el que se lleven a cabo, dicha característica constituya un requisito profesional esencial y determinante, siempre y cuando el objetivo sea legítimo y el requisito proporcionado.

8. c) No se considera discriminación indirecta si dicha disposición, criterio o práctica pueden justificarse objetivamente en atención a una finalidad legítima y los medios para alcanzar dicha finalidad son necesarios y adecuados.

9. d) En cualquier caso se considera discriminatoria, sea directa o indirecta.

10. d) Cualquier comportamiento, verbal o físico, de naturaleza sexual que tenga el propósito o produzca el efecto de atentar contra la dignidad de una persona, en particular cuando se crea un entorno intimidatorio, degradante u ofensivo.

La sociedad de la información. Identidad y firma electrónica: régimen jurídico. El DNI electrónico. La Agenda Digital para España

1. ¿En cuántos objetivos específicos se estructuraban las líneas de actuación de la Agenda Digital para España?

a) 3 objetivos específicos.
b) 5 objetivos específicos.
c) 6 objetivos específicos.
d) 8 objetivos específicos.

2. ¿Con cuántas líneas de actuación se puso en marcha la Agenda Digital para España?

a) 78.
b) 95.
c) 106.
d) 120.

3. Con el objetivo de la Agenda Digital para España "fomentar el despliegue de redes y servicios para garantizar la conectividad digital", se pretendía llegar en 2020 a una cobertura para el 100% de la ciudadanía de más de:

a) 10 Mbps.
b) 30 Mbps.
c) 100 Mbps.
d) 300 Mbps.

4. El segundo objetivo de la Agenda Digital para España es: "desarrollar la economía digital para el crecimiento, la competitividad y la .... de la empresa española". Indica la palabra que falta en la frase anterior:

a) Automatización.
b) Modernización.

c) Promoción.
d) Internacionalización.

5. Con el cuarto objetivo de la Agenda Digital para España: "Reforzar la confianza en el ámbito digital", se incentiva la confianza en el entorno digital con acciones de:

a) Ciberseguridad.
b) Certificación.
c) Normalización.
d) Capacitación digital.

6. ¿En cuántos ejes estratégicos se articula el conjunto de medidas, reformas e inversiones de la Agenda España Digital 2025?

a) 6.
b) 8.
c) 10.
d) 12.

7. Un objetivo de la Agenda España Digital 2025 es acelerar la digitalización de las empresas, con especial atención a las micropymes y las start-ups. Se establece la meta en 2025 de alcanzar un porcentaje de contribución del comercio electrónico al volumen de negocio PYME del:

a) 10%.
b) 25%.
c) 40%.
d) 60%.

8. Un objetivo de la Agenda España Digital 2025 es continuar liderando en Europa el despliegue de la tecnología 5G, incentivando su contribución al aumento de la productividad económica, al progreso social y a la vertebración territorial; se establece como meta para 2025 alcanzar:

a) Un 50% del espectro radioeléctrico preparado para 5G.
b) Un 60% del espectro radioeléctrico preparado para 5G.
c) Un 80% del espectro radioeléctrico preparado para 5G.
d) Un 100% del espectro radioeléctrico preparado para 5G.

9. Un objetivo de la Agenda España Digital 2025 es reforzar la capacidad española en ciberseguridad, consolidando su posición como uno de los polos europeos de capacidad empresarial. Así, para 2025 se pretende contar con:

a) 5.000 nuevos especialistas en ciber-seguridad, IA y Datos.
b) 10.000 nuevos especialistas en ciber-seguridad, IA y Datos.

c) 20.000 nuevos especialistas en ciber-seguridad, IA y Datos.

d) 50.000 nuevos especialistas en ciber-seguridad, IA y Datos.

10. Un objetivo de la Agenda España Digital 2025 es favorecer el tránsito hacia una economía del dato, garantizando la seguridad y privacidad y aprovechando las oportunidades que ofrece la Inteligencia Artificial; la meta es alcanzar en 2025 un porcentaje de empresas que usan IA y Big Data del:

a) 25%.

b) 45%.

c) 60%.

d) 75%.

En MADTEST tienes **más preguntas de este tema**, y todos tus avances quedan registrados y se reflejan en el ranking.

¡Supera tus límites con MADTEST!

Solución al test n.º 6

1. c) 6 objetivos específicos.

2. c) 106.

3. b) 30 Mbps.

4. d) Internacionalización.

5. a) Ciberseguridad.

6. c) 10.

7. b) 25%.

8. d) Un 100% del espectro radioeléctrico preparado para 5G.

9. c) 20.000 nuevos especialistas en ciber-seguridad, IA y Datos.

10. a) 25%.

TEST N.º 7

La protección de datos personales y su régimen jurídico: principios, derechos y obligaciones. Derechos digitales

1. Según el artículo 18.3 de la Constitución Española, se garantiza el secreto de las comunicaciones y, en especial, de las postales, telegráficas y telefónicas:

a) Siempre.
b) Salvo resolución judicial.
c) Excepto en los casos que establezcan las leyes.
d) Salvo consentimiento del interesado.

2. Es correcto, conforme a la disposición adicional 3.ª de la LO 3/2018, que:

a) Cuando los plazos se señalen por días, se entiende que estos son naturales.
b) Si el plazo se fija en semanas, concluirá el día anterior al día de la semana en que se produjo el hecho que determina su iniciación en la semana de vencimiento.
c) Si el plazo se fija en años, concluirá el mismo día en que se produjo el hecho que determina su iniciación en el año de vencimiento.
d) Cuando el último día del plazo sea inhábil, se entenderá adelantado al último día hábil anterior.

3. El RGPD lo define como la persona física o jurídica, autoridad pública, servicio u otro organismo que trate datos personales por cuenta del responsable del tratamiento:

a) El Delegado.
b) El Encargado.
c) El Representante.
d) El Tratante.

4. Según el artículo 3 de la LO 3/2018, los requisitos y condiciones para acreditar la validez y vigencia de los mandatos e instrucciones de las personas fallecidas respecto al acceso a los datos personales de estas por parte de las personas o instituciones que designaran expresamente, serán establecidos:

a) Por medio de una Directiva europea.
b) Por Ley estatal.

c) Por Ley autonómica.
d) Por Real Decreto.

5. El artículo 4 de la LO 3/2018 señala que, conforme al artículo 5.1.d) del Reglamento (UE) 2016/679, los datos serán exactos y, si fuere necesario:

a) Actualizados.
b) Aproximados.
c) Normalizados.
d) Digitalizados.

6. Señala la respuesta incorrecta. No será imputable al responsable del tratamiento, siempre que este haya adoptado todas las medidas razonables para que se supriman o rectifiquen sin dilación, la inexactitud de los datos personales, con respecto a los fines para los que se tratan, cuando los datos inexactos:

a) Hubiesen sido obtenidos por el responsable directamente del encargado.
b) Hubiesen sido obtenidos por el responsable de un mediador o intermediario en caso de que las normas aplicables al sector de actividad al que pertenezca el responsable del tratamiento establecieran la posibilidad de intervención de un intermediario o mediador que recoja en nombre propio los datos de los afectados para su transmisión al responsable.
c) Fuesen sometidos a tratamiento por el responsable por haberlos recibido de otro responsable en virtud del ejercicio por el afectado del derecho a la portabilidad.
d) Fuesen obtenidos de un registro público por el responsable.

7. Conforme al artículo 5.1 de la LO 3/2018, estarán sujetas al deber de confidencialidad:

a) Únicamente los responsables del tratamiento.
b) Los responsables y encargados del tratamiento.
c) Los responsables y encargados del tratamiento de datos así como todas las personas que intervengan en cualquier fase de este.
d) Los responsables y encargados del tratamiento de datos así como todas las personas que intervengan en todas las fases de este.

8. Conforme a los artículos 4.11 del RGPD y 6.1 de la LO 3/2018, se entiende por *consentimiento del afectado* la aceptación, ya sea mediante una declaración o una clara acción afirmativa, del tratamiento de datos personales que le conciernen manifestada por voluntad libre, de forma específica, informada e/y:

a) Detallada.
b) Unitaria.
c) Inequívoca.
d) Por escrito.

9. Cuando se pretenda fundar el tratamiento de los datos en el consentimiento del afectado para una pluralidad de finalidades:

a) Será preciso que conste de manera específica e inequívoca que dicho consentimiento se otorga para todas ellas.

b) Será necesario demostrar que el afectado consintió expresa e inequívocamente en alguna de las finalidades y, que el resto de finalidades están claramente relacionadas con aquella.

c) El responsable debe demostrar la adecuación de las distintas finalidades a un único objeto.

d) El consentimiento del afectado solo puede afectar a una finalidad. Cada finalidad precisa un consentimiento propio e independiente.

10. Según el artículo 8.1 de la LO 3/2018, el tratamiento de datos personales solo podrá considerarse fundado en el cumplimiento de una obligación legal exigible al responsable:

a) Cuando así lo prevea una norma de Derecho de la Unión Europea o una norma con rango de ley.

b) Cuando el tratamiento se considere una misión realizada en interés público.

c) Cuando se trate del ejercicio de poderes públicos conferidos al responsable.

d) Cuando el responsable sea un órgano u organismo público.

En MADTEST tienes **más preguntas de este tema**, y todos tus avances quedan registrados y se reflejan en el ranking.

¡Supera tus límites con MADTEST!

Solución al test n.º 7

1. b) Salvo resolución judicial.

2. c) Si el plazo se fija en años, concluirá el mismo día en que se produjo el hecho que determina su iniciación en el año de vencimiento.

3. b) El Encargado.

4. d) Por Real Decreto.

5. a) Actualizados.

6. a) Hubiesen sido obtenidos por el responsable directamente del encargado.

7. c) Los responsables y encargados del tratamiento de datos así como todas las personas que intervengan en cualquier fase de este.

8. c) Inequívoca.

9. a) Será preciso que conste de manera específica e inequívoca que dicho consentimiento se otorga para todas ellas.

10. a) Cuando así lo prevea una norma de Derecho de la Unión Europea o una norma con rango de ley.

TEST N.º 8

Acceso electrónico de los ciudadanos a los servicios públicos y normativa de desarrollo. La gestión electrónica de los procedimientos administrativos: registros, notificaciones y uso de medios electrónicos. Esquema Nacional de Seguridad y de Interoperabilidad. Normas técnicas de Interoperabilidad

1. Comunicarse con las Administraciones Públicas por medios electrónicos es:

a) Un deber de los ciudadanos.

b) Un derecho de las Administraciones Públicas.

c) Un derecho de los ciudadanos.

d) Un derecho fundamental de los españoles, recogido por la Constitución; y, a la vez, un deber.

2. El artículo 26.2 de la Ley 39/2015 (LPACAP) exige, para ser válidos, "contener información de cualquier naturaleza en un soporte electrónico según un formato determinado y susceptible de identificación y tratamiento diferenciado", a:

a) Las notificaciones administrativas.

b) Las comunicaciones electrónicas.

c) Los documentos electrónicos.

d) Los certificados electrónicos.

3. Los registros electrónicos de las Administraciones Públicas deben permitir la presentación de solicitudes, escritos y comunicaciones:

a) Los mismos días hábiles que el resto de registros.

b) En el horario de presencia de los funcionarios a su cargo.

c) Al menos 12 horas al día, todos los días lectivos.

d) Todos los días del año durante las 24 horas.

4. ¿Cuál de los siguientes es un principio básico del Esquema Nacional de Seguridad?

a) Enfoque de seguridad multilateral.
b) Prevención, detección, respuesta y conservación.
c) Reevaluación integral.
d) Seguridad multidimensional.

5. En relación con el tipo de comunicación del interesado con la Administración, no es cierto que:

a) Las personas físicas puedan elegir en todo momento si se comunican con las Administraciones Públicas para el ejercicio de sus derechos y obligaciones a través de medios electrónicos o no, salvo que estén obligadas a relacionarse a través de medios electrónicos con las Administraciones Públicas.
b) Las Administraciones puedan establecer la obligación de relacionarse con ellas a través de medios electrónicos para determinados procedimientos y para ciertos colectivos de personas físicas.
c) Las personas jurídicas estén obligadas a relacionarse a través de medios electrónicos con las Administraciones Públicas para la realización de cualquier trámite de un procedimiento administrativo.
d) El medio elegido por la persona para comunicarse con las Administraciones Públicas no puede ser modificado a lo largo del procedimiento.

6. No están obligados a relacionarse a través de medios electrónicos con las Administraciones Públicas para la realización de cualquier trámite de un procedimiento administrativo:

a) Las entidades sin personalidad jurídica.
b) Todo aquel que ostente la representación de un interesado.
c) Quienes ejerzan una actividad profesional para la que se requiera colegiación obligatoria, para los trámites y actuaciones que realicen con las Administraciones Públicas en ejercicio de dicha actividad profesional.
d) Las personas jurídicas.

7. En las disposiciones de creación de registros electrónicos no es necesario especificar:

a) Los días declarados como inhábiles.
b) La caducidad del registro.
c) El órgano o unidad responsable de su gestión.
d) La fecha y hora oficial.

8. El proceso tecnológico que permite convertir un documento en soporte papel o en otro soporte no electrónico en un fichero electrónico que contiene la imagen codificada, fiel e íntegra del documento, se conoce en la LPACAP como:

a) Automatización.
b) Fotocopiado.
c) Autenticación.
d) Digitalización.

9. En relación con el funcionamiento del registro electrónico, es cierto que:

a) Permitirá la presentación de documentos todos los días hábiles del año durante la jornada laboral de su personal.
b) El inicio del cómputo de los plazos que hayan de cumplir las Administraciones Públicas vendrá determinado por la fecha y hora de presentación en el registro electrónico de cada Administración u Organismo.
c) Los documentos se considerarán presentados por el orden de hora efectiva en el que fueron aceptados por el funcionario habilitado al efecto.
d) El registro electrónico de cualquier Administración u Organismo se regirá a efectos de cómputo de los plazos, por la fecha y hora oficial indicada por el *Central European Time*.

10. ¿Qué calendario de días inhábiles se aplicará en los registros electrónicos a efectos del cómputo de plazos?

a) El que se publique al efecto en el Boletín Oficial del Estado para todos los registros.
b) El que se publique al efecto en el boletín oficial de la Comunidad Autónoma para todos los registros ubicados en ella.
c) El que determine la sede electrónica del registro de cada Administración Pública u Organismo.
d) El que determine la sede electrónica del ayuntamiento en cuyo municipio se ubique el registro.

Solución al test n.º 8

1. c) Un derecho de los ciudadanos.

2. c) Los documentos electrónicos.

3. d) Todos los días del año durante las 24 horas.

4. b) Prevención, detección, respuesta y conservación.

5. d) El medio elegido por la persona para comunicarse con las Administraciones Públicas no puede ser modificado a lo largo del procedimiento.

6. b) Todo aquel que ostente la representación de un interesado.

7. b) La caducidad del registro.

8. d) Digitalización.

9. b) El inicio del cómputo de los plazos que hayan de cumplir las Administraciones Públicas vendrá determinado por la fecha y hora de presentación en el registro electrónico de cada Administración u Organismo.

10. c) El que determine la sede electrónica del registro de cada Administración Pública u Organismo.

TEST N.º 9

Instrumentos para el acceso electrónico a las Administraciones públicas: sedes electrónicas, canales y puntos de acceso, identificación y autenticación. Infraestructuras y servicios comunes en materia de administración electrónica

1. La gestión de los contenidos del Punto de Acceso General Electrónico corresponde a:

a) La Dirección General de Gobernanza Pública.
b) La Dirección General de la Función Pública.
c) La Dirección General de Relaciones con las Comunidades Autónomas y Entes Locales.
d) La Dirección General de Telecomunicaciones y Tecnologías de la Información.

2. El artículo 16 del Reglamento de actuación y funcionamiento del sector público por medios electrónicos (RD 203/2021), determina que la Administración General del Estado dispondrá de una plataforma para la verificación de la vigencia y del contenido de los certificados cualificados admitidos en el sector público. El sistema deberá permitir que tal verificación se pueda llevar a cabo para el sector público de forma libre y:

a) Presencial.
b) Segura.
c) Gratuita.
d) Encriptada.

3. Según el artículo 16 del Reglamento de actuación y funcionamiento del sector público por medios electrónicos (RD 203/2021), la plataforma de la Administración General del Estado para la verificación de la vigencia y del contenido de los certificados cualificados admitidos en el sector público, dispondrá, para detallar las obligaciones que se comprometen a cumplir tanto la plataforma como las personas usuarias de la misma en relación con los servicios de verificación, de:

a) Una declaración de prácticas de validación.
b) Una carta de servicios.

c) Un manual de instrucciones de uso.
d) Una ficha técnica de utilización.

4. El sistema de cl@ve permanente es un sistema de contraseña:

a) De validez duradera en el tiempo pero no ilimitada.
b) De validez ilimitada en el tiempo.
c) De validez muy limitada en el tiempo.
d) Que se corresponde con el sistema PIN24H de la AEAT.

5. El diseño de Cl@ve está basado en un sistema de federación de identidades electrónicas, que integra diferentes elementos. Pasarela/gestor de identificación es:

a) Una entidad que proporciona servicios electrónicos a los ciudadanos y utiliza la plataforma para la identificación y autenticación de los mismos.
b) Una entidad que proporciona mecanismos de identificación y autenticación de los ciudadanos para ser utilizados como medios comunes por otras entidades.
c) Un sistema intermediador que posibilita el acceso de los proveedores de servicios a los distintos mecanismos de identificación y la selección de estos por parte del usuario.
d) Ninguna de las anteriores.

6. Geiser y ORVE son:

a) Soluciones para oficinas de registro, para digitalización de documentos conforme a NTI de Digitalización, e intercambio de asientos registrales por SIR.
b) Puntos de entrada centralizados para facturas electrónicas por parte de proveedores de las Administraciones Públicas.
c) Modelos de datos para el intercambio de asientos entre Entidades Registrales con independencia del Sistema de Registro origen o destino, y de la tecnología de intercambio.
d) Servicios de validación de certificados y firmas.

7. Es un punto de información que funciona como ventanilla única para inicio de actividad empresarial:

a) PAG.
b) VUDS.
c) IPS.
d) RFH.

8. Este servicio permite establecer comunicaciones seguras entre organismos o unidades administrativas, incluyendo documentos anexos:

a) TRAJANO.
b) EFESO.
c) RODAS.
d) CORINTO.

9. Es una herramienta que genera formularios y encuestas para su publicación en portales web:

a) ADISE.
b) RUN.
c) FORMA.
d) PLATA.

10. ¿Cuál de los siguientes Servicios permite integrar en la tramitación los avisos a los ciudadanos a través de SMS o de correo electrónico?

a) Notific@.
b) Sistema de Notificaciones Electrónicas.
c) Plataforma de Mensajería SIM.
d) Acceda.

En MADTEST tienes **más preguntas de este tema**, y todos tus avances quedan registrados y se reflejan en el ranking.

¡Supera tus límites con MADTEST!

Solución al test n.º 9

1. a) La Dirección General de Gobernanza Pública.

2. c) Gratuita.

3. a) Una declaración de prácticas de validación.

4. a) De validez duradera en el tiempo pero no ilimitada.

5. c) Un sistema intermediador que posibilita el acceso de los proveedores de servicios a los distintos mecanismos de identificación y la selección de estos por parte del usuario.

6. a) Soluciones para oficinas de registro, para digitalización de documentos conforme a NTI de Digitalización, e intercambio de asientos registrales por SIR.

7. b) VUDS.

8. d) CORINTO.

9. c) FORMA.

10. c) Plataforma de Mensajería SIM.

II. Tecnología Básica

TEST N.º 1

Informática básica. Representación y comunicación de la información: elementos constitutivos de un sistema de información. Características y funciones. Arquitectura de ordenadores. Componentes internos de los equipos microinformáticos

1. Indica la respuesta correcta:

a) Los datos siempre contienen información.
b) Los datos no siempre contienen información.
c) Los datos se consiguen agrupando información.
d) Ninguna de las anteriores.

2. La información se podría decir que:

a) Procede del procesado de los datos.
b) Para ser considerada como tal debe ser relevante.
c) Las dos anteriores son correctas
d) Siempre está disponible para el usuario.

3. Una posible clasificación de los datos podría ser:

a) Según tipo almacenamiento.
b) Según longitud.
c) Según se muestren al usuario.
d) Según su importancia.

4. Indica la respuesta correcta. 1 TB equivale a:

a) 1000 MegaBytes.
b) 1000 KiloBytes.
c) 1024 Bytes.
d) 1024 GigaBytes.

5. Indica la respuesta correcta. ¿Cuál es el equivalente decimal a $1A_{16}$?

a) 26.
b) 36.
c) 16.
d) 20.

6. Indica la respuesta correcta. ¿Cuál es el equivalente hexadecimal a 167_{10}?

a) 7A.
b) A7.
c) 167.
d) B6.

7. Clasifica de mayor a menor: PetaByte, KiloByte, ZettaByte, Yottabyte:

a) PetaByte, KiloByte, ZettaByte, YottaByte.
b) YottaByte,ZettaByte,PetaByte,KiloByte.
c) ZettaByte,YottaByte,PetaByte,KiloByte.
d) PettaByte,ZettaByte,YottaByte,KiloByte.

8. ¿Qué condición deben cumplir los datos para considerar que aportan información?

a) Originalidad.
b) Ser numéricos.
c) Integridad.
d) Ninguna de las anteriores.

9. Indica cuál no podría considerarse una característica de un sistema de información:

a) Flexibilidad.
b) Fiabilidad.
c) Velocidad.
d) Capacidad.

10. ¿Qué módulo del Sistema de Información se encarga de los algoritmos y su procesamiento?

a) Análisis.
b) Evaluación.
c) Entrada.
d) Búsqueda.

En MADTEST tienes **más preguntas de este tema**, y todos tus avances quedan registrados y se reflejan en el ranking.

¡Supera tus límites con MADTEST!

Solución al test n.º 1

1. b) Los datos no siempre contienen información.

2. c) Las dos anteriores son correctas.

3. a) Según tipo almacenamiento.

4. d) 1024 GigaBytes.

5. a) 26.

6. b) A7.

7. b) YottaByte,ZettaByte,PetaByte,KiloByte.

8. c) Integridad.

9. d) Capacidad.

10. a) Análisis.

TEST N.º 2

**Periféricos: conectividad y administración.
Elementos de impresión. Elementos de almacenamiento.
Elementos de visualización y digitalización**

1. El lugar donde se interconectan los elementos básicos de un PC se denomina:

a) Microprocesador.
b) Memoria.
c) Placa base.
d) Tarjeta gráfica.

2. El encargado de coordinar entre otras cosas las velocidades de los dispositivos se denomina:

a) Microprocesador.
b) Chipset.
c) ROM.
d) RAM.

3. El estándar de conexión actual de los discos duros internos se denomina:

a) USB.
b) HDMI.
c) SATA.
d) IDE.

4. El RAID en que uno de los discos es espejo del otro se denomina:

a) RAID 0.
b) RAID 1.
c) RAID 2.
d) RAID 3.

5. El RAID 01 se podría decir que es:

a) Un espejo de divisiones.
b) Una división de espejos.
c) Una división en bytes.
d) Ninguna de las anteriores.

6. Una de las grandes ventajas de los SSD puede ser:

a) Mejora la velocidad.
b) No disponen de partes mecánicas.
c) Las dos anteriores son correctas.
d) Ninguna de las anteriores es correcta.

7. El VGA apareció en:

a) 1978.
b) 1988.
c) 1998.
d) 2008.

8. Se podría decir que un tipo de escáner es:

a) El escáner de cama plana.
b) El escáner de tambor.
c) El escáner de mano.
d) Todas las anteriores son correctas.

9. El interface Thunderbolt 3 puede llegar a velocidades máximas de:

a) 10 GB/s.
b) 20 GB/s.
c) 30 GB/s.
d) 40 GB/s.

10. La frecuencia de uso del Bluetooth es de:

a) 5 GHz.
b) 2,4 GHz.
c) 5 MHz.
d) 2,4 Mhz.

En MADTEST tienes **más preguntas de este tema**, y todos tus avances quedan registrados y se reflejan en el ranking.

¡Supera tus límites con MADTEST!

Solución al test n.º 2

1. c) Placa base.

2. b) Chipset.

3. c) SATA.

4. b) RAID 1.

5. a) Un espejo de divisiones.

6. c) Las dos anteriores son correctas.

7. b) 1988.

8. d) Todas las anteriores son correctas.

9. d) 40GB/s.

10. b) 2,4GHz.

TEST N.º 3

Tipos abstractos y Estructuras de datos. Organizaciones de ficheros. Algoritmos. Formatos de información y ficheros

1. En referencia a los tipos abstractos de datos TAD se podría decir que:

a) Son un tipo más que no aporta nada especial.
b) Son un modelo matemático.
c) Independizan la forma de resolver problemas de la implementación.
d) Las dos anteriores son correctas.

2. La abstracción desde el punto de vista de programación se puede ver desde los puntos de vista:

a) Funcional y de datos.
b) De datos y representación.
c) Funcional y representación.
d) Ninguna de las anteriores.

3. Una de las tres operaciones principales que podemos hacer con los TAD es:

a) Creación.
b) Transformación.
c) Análisis.
d) Todas son correctas.

4. ¿Cuál de las siguientes estructuras de datos es no ordenada?

a) Diccionario.
b) Listas.

c) Mapa.
d) Ninguna de las anteriores.

5. Las listas en las que el último elemento que entra es el primero que sale se denominan:

a) LIFO.
b) FIFO.
c) FILO.
d) Ninguna de las anteriores.

6. El número de hijos que tiene un nodo se denomina:

a) Grado del nodo.
b) Grado del árbol.
c) Nivel del nodo.
d) Nivel del árbol.

7. Si {0,1,2,3,4,5,6,7} representa el recorrido de un árbol en preorden, indica cuál es la raíz:

a) 7.
b) 3.
c) 1.
d) 0.

8. El árbol balanceado es aquel en el que:

a) Cada nodo tiene un máximo de dos hijos.
b) Entre todos sus nodos hojas no hay una diferencia mayor de un nivel.
c) Tiene un grado máximo de 4.
d) Ninguna de las anteriores.

9. Una de las estructuras tipo para albergar ficheros es:

a) Rendering.
b) Blocking.
c) Hashing.
d) Changing.

10. La unidad de espacio más pequeña que se puede asignar a un fichero se denomina:

a) Bloque.
b) Clúster.
c) Sector.
d) Pista.

En MADTEST tienes **más preguntas de este tema**, y todos tus avances quedan registrados y se reflejan en el ranking.

¡Supera tus límites con MADTEST!

Solución al test n.º 3

1. d) Las dos anteriores son correctas.

2. a) Funcional y de datos.

3. d) Todas son correctas.

4. c) Mapa.

5. a) LIFO.

6. a) Grado del nodo.

7. d) 0.

8. b) Entre todos sus nodos hojas no hay una diferencia mayor de un nivel.

9. c) Hashing.

10. b) Clúster.

TEST N.º 4

Sistemas operativos. Características y elementos constitutivos. Sistemas Windows. Sistemas Unix y Linux. Sistemas operativos para dispositivos móviles

1. Indica cuál de los siguientes elementos es parte del Sistema Operativo:

a) Hardware.
b) Kernel.
c) Clúster.
d) Ninguna de las anteriores.

2. Dentro de los diferentes planificadores de tareas, podemos encontrar del tipo:

a) Automático.
b) Manual.
c) Preemption.
d) Ninguna de las anteriores.

3. En términos de sistemas operativos, llamamos Quantum a:

a) Unidad lógica.
b) Unidad de tiempo.
c) Unidad de capacidad.
d) Unidad de complejidad.

4. En los métodos de asignación de memoria, se caracteriza por provocar fragmentación interna el/la…:

a) Memoria virtual.
b) Intercambio (Swapping).
c) Segmentación.
d) Paginación.

5. ¿Cuál de los siguientes sistemas de archivos pertenece a Linux?

a) FAT16.
b) FAT32.
c) Ext3.
d) HFS.

6. Una de las novedades introducidas por el Windows 7 es:

a) Jump List.
b) Escritorio compartido.
c) Escritorio Remoto.
d) Ninguna de las anteriores.

7. Para cerrar una ventana activa en Windows, podemos usar la combinación de teclas:

a) ALT+F4.
b) ALT+F5.
c) CTRL+F4.
d) CTRL+F5.

8. En los sistemas Unix/Linux la parte para introducir comandos se denomina:

a) Kernel.
b) Shell.
c) Núcleo.
d) Ninguna de las anteriores.

9. La idea de Linux surgió en:

a) 1981.
b) 1991.
c) 2001.
d) 2011.

10. ¿Cuál de las siguientes no es una distribución Linux?

a) Red Hat.
b) Debian.
c) Mandriva.
d) Maldiva.

En MADTEST tienes **más preguntas de este tema**, y todos tus avances quedan registrados y se reflejan en el ranking.

¡Supera tus límites con MADTEST!

Solución al test n.º 4

1. b) Kernel.

2. c) Preemption.

3. b) Unidad de tiempo.

4. d) Paginación.

5. c) Ext3.

6. a) Jump List.

7. a) ALT+F4.

8. b) Shell.

9. b) 1991.

10. d) Maldiva.

TEST N.º 5

Sistemas de gestión de bases de datos relacionales, orientados a objetos y NoSQL: características y componentes

1. Dentro de los distintos niveles de abstracción necesarios para modelar la base de datos, podemos encontrar:

a) Nivel Hardware.
b) Nivel Lógico.
c) Nivel Software.
d) Ninguna de las anteriores.

2. Hay dos tipos de propiedades de los elementos en el modelo conceptual:

a) Estáticas y dinámicas.
b) Hardware y Software.
c) De alto nivel y de bajo nivel.
d) Ninguna de las anteriores.

3. El atributo único para cada ficha en el modelo entidad-relación se denomina:

a) Registro.
b) Campo.
c) Clave.
d) Dominio.

4. Dentro de los tipos de relación podemos encontrar:

a) Uno a uno.
b) Uno a muchos.
c) Muchos a muchos.
d) Todas las anteriores son correctas.

5. Las restricciones propias del modelo elegido se denominan:

a) Coherentes.
b) Inherentes.
c) Lógicas.
d) Semánticas.

6. Indica cuál de las siguientes reglas forma parte de las indicadas por F. Codd para considerar un SGBD relacional:

a) Inserción.
b) Ubicación.
c) Restricción.
d) Ninguna de las anteriores.

7. ¿Cuál de los siguientes SGDB no es relacional?

a) MySQL.
b) Oracle.
c) Paradox.
d) VisualFoxPro.

8. El lenguaje en SGBD orientado a objetos utilizado para especificar las necesidades y propiedades de los objetos se denomina:

a) MDB.
b) ODB.
c) ODL.
d) LOD.

9. La gran diferencia entre los lenguajes de programación orientados a objetos y los SGBD orientados a objetos es:

a) La existencia de clases.
b) La persistencia.
c) La alienación.
d) La exactitud.

10. Para presentar los datos e imprimirlos se suelen utilizar:

a) Consultas.
b) Informes.
c) Registros.
d) Formularios.

En MADTEST tienes **más preguntas de este tema**, y todos tus avances quedan registrados y se reflejan en el ranking.

¡Supera tus límites con MADTEST!

Solución al test n.º 5

1. b) Nivel Lógico.

2. a) Estáticas y dinámicas.

3. c) Clave.

4. d) Todas las anteriores son correctas.

5. b) Inherentes.

6. a) Inserción.

7. d) VisualFoxPro.

8. c) ODL.

9. b) La persistencia.

10. b) Informes.

III. Desarrollo
de Sistemas

TEST N.º 1

Modelado de datos, metodologías y reglas. Entidades, atributos y relaciones. Diseño de bases de datos. Diseño lógico y físico. El modelo lógico relacional. Normalización

1. ¿Cuál es el orden de ejecución de los modelos Físico, Conceptual y Lógico?

a) Conceptual - Físico - Lógico.
b) Conceptual - Lógico - Físico.
c) Físico - Lógico - Conceptual.
d) Lógico - Físico - Conceptual.

2. La primera forma normal establece que en cada intersección de fila y atributo de la entidad:

a) No existe un único valor.
b) Puede existir una lista de valores pero unívoca.
c) Existe una lista de valores.
d) Existe un único valor y no existe una lista de valores.

3. La tercera forma normal exige que no solo cada atributo no clave sea dependiente de toda la clave principal, sino que los atributos no clave sean:

a) Dependientes entre sí.
b) Independientes entre sí.
c) Valores atómicos relacionados.
d) Ninguna es correcta.

4. El Modelo de Datos Conceptual:

a) Representan la vista que cada usuario tiene de la organización.
b) Se denomina en ocasiones Universo de Discurso.
c) Representan la vista lógica (o comunitaria), que es independiente del SGBD.
d) Las respuestas a) y c) son correctas.

5. ¿Cuál de los siguientes modelos de datos no está basados en objetos?

a) Entidad-Relación.
b) Semántico.
c) Funcional.
d) Gestión de grafos.

6. ¿Cuál de los modelos de datos red, jerárquico y relacional es el más moderno?

a) Modelo de red.
b) Modelo jerárquico.
c) Modelo de datos relacional.
d) Los modelos de datos en red y relacional fueron desarrollados casi 10 años antes que el modelo de datos jerárquico.

7. Según Métrica V3, en el modelo Entidad / Relación, las relaciones se definen por:

a) Categoría, nombre y tipo de correspondencia.
b) Atributo, cardinalidad, nombre.
c) Atributo, dominio, nombre.
d) Cardinalidad, nombre , tipo de correspondencia.

8. En el modelo de datos jerárquico:

a) Los registros no aparecen como nodos.
b) Los datos se representan como colecciones de registros.
c) Cada nodo puede tener "N" padres.
d) Ninguna es correcta.

9. ¿Cuál es el esquema del que se puede decir que es el "corazón" de la base de datos?

a) Modelo Físico.
b) Modelo Conceptual.
c) Modelo Lógico.
d) Modelo Externo.

10. En un diagrama de Flujo de Datos (DFD), indique cuál de las siguientes afirmaciones es FALSA:

a) El proceso nunca es el origen ni el final de los datos.
b) El almacén no puede crear, transformar o destruir datos.
c) Un almacén no puede aparecer varias veces en el diagrama.
d) Un proceso siempre es necesario como intermediario entre una entidad externa y un almacén de datos.

En MADTEST tienes **más preguntas de este tema**, y todos tus avances quedan registrados y se reflejan en el ranking.

¡Supera tus límites con MADTEST!

Solución al test n.º 1

1. b) Conceptual - Lógico - Físico.

2. d) Existe un único valor y no existe una lista de valores.

3. b) Independientes entre sí.

4. c) Representan la vista lógica (o comunitaria), que es independiente del SGBD.

5. d) Gestión de grafos.

6. c) Modelo de datos relacional.

7. d) Cardinalidad, nombre, tipo de correspondencia.

8. b) Los datos se representan como colecciones de registros.

9. b) Modelo Conceptual.

10. c) Un almacén no puede aparecer varias veces en el diagrama.

TEST N.º 2

Lenguajes de programación. Representación de tipos de datos. Operadores. Instrucciones condicionales. Bucles y recursividad. Procedimientos, funciones y parámetros. Vectores y registros. Estructura de un programa

1. ¿Cuál de los siguientes lenguajes no pertenece a una clasificación por nivel de abstracción del procesador?

a) Lenguaje máquina.
b) Lenguaje de bajo nivel.
c) Lenguaje de nivel trasversal.
d) Lenguaje de alto nivel.

2. En relación a las estructuras de datos, señale la opción incorrecta:

a) Las cadenas son estructuras de datos contiguas.
b) Los vectores no son estructuras de datos contiguas.
c) Un array bidimensional es una matriz.
d) Una cola es una estructura FIFO (First in, First Out).

3. En relación con las funciones lógicas. Suponiendo que a=0 y b=1, ¿cuál de las siguientes sentencias es incorrecta?

a) a XOR b =1
b) a XNOR b =0
c) a NOR b =1
d) a NAND b =1

4. ¿Cuál no es un lenguaje de programación imperativo?

a) Cobol.
b) Pascal.

c) C.
d) Prolog.

5. Con respecto a JSON, señala la respuesta correcta:

a) Es un tipo de gramática XML.
b) Es una API de Java.
c) Es un conjunto de librerías de JavaScript.
d) Es un formato de intercambio de datos.

6. ¿Cuál de las siguientes afirmaciones no es correcta pensando en el JavaScript?

a) Usado para crear programas que luego son acoplados a una página web.
b) Usado para crear programas que luego son acoplados en programas más grandes.
c) Sirve para crear efectos y realizar acciones interactivas.
d) No está pensado para realizar videojuegos.

7. Se llama tipo primitivo o tipo elemental a:

a) Los tipos de datos originales de un lenguaje de programación.
b) Los tipos de datos abstractos.
c) Los tipos de estructuras de datos.
d) Todas son correctas.

8. Un puntero:

a) Es un objeto del lenguaje de programación, cuyo valor se refiere a (o "apunta a") otro valor almacenado en otra parte de la memoria del ordenador utilizando su dirección.
b) Es un objeto del lenguaje de programación, cuyo valor se refiere a (o "apunta a") otro valor almacenado en otra parte de la memoria del ordenador utilizando su valor.
c) No referencia a una ubicación en memoria.
d) Ninguna es correcta.

9. Los vectores pueden ser:

a) Estáticos y dinámicos.
b) Unidimensionales y abstractos.
c) Estáticos y abstractos.
d) Dinámicos y abstractos.

10. ¿Cuál de las siguientes expresiones no es correcta?

a) Las expresiones son combinaciones de constantes, variables y operadores de diferentes valores que nos permiten dividir datos para obtener información nueva.

b) Las expresiones son combinaciones de constantes, variables y operadores de diferentes tipos que nos permiten manipular datos para obtener información nueva.

c) Las expresiones son combinaciones de constantes, variables y operadores de diferentes clases que nos permiten obtener datos para obtener información nueva.

d) Las respuestas a) y b) son correctas.

En MADTEST tienes **más preguntas de este tema**, y todos tus avances quedan registrados y se reflejan en el ranking.

¡**Supera tus límites con MADTEST!**

Solución al test n.º 2

1. c) Lenguaje de nivel trasversal.

2. b) Los vectores no son estructuras de datos contiguas.

3. c) a NOR b =1.

4. d) Prolog.

5. d) Es un formato de intercambio de datos.

6. d) No está pensado para realizar videojuegos.

7. a) Los tipos de datos originales de un lenguaje de programación.

8. a) Es un objeto del lenguaje de programación, cuyo valor se refiere a (o "apunta a") otro valor almacenado en otra parte de la memoria del ordenador utilizando su dirección.

9. a) Estáticos y dinámicos.

10. b) Las expresiones son combinaciones de constantes, variables y operadores de diferentes tipos que nos permiten manipular datos para obtener información nueva.

TEST N.º 3

Lenguajes de interrogación de bases de datos. Estándar ANSI SQL. Procedimientos almacenados. Eventos y disparadores

1. En los Lenguajes procedurales o procedimentales:

a) El usuario instruye al sistema para que lleve a cabo una serie de procedimientos en la base de datos para calcular el resultado deseado.

b) El usuario instruye al sistema para que lleve a cabo una serie de operaciones en la base de datos para calcular el resultado deseado.

c) El usuario describe la información deseada sin dar un procedimiento concreto para obtener esa información.

d) El usuario describe la información deseada sin dar un valor concreto para obtener esa información.

2. En los Lenguajes no procedurales o no procedimentales:

a) El usuario instruye al sistema para que lleve a cabo una serie de procedimientos en la base de datos para calcular el resultado deseado.

b) El usuario instruye al sistema para que lleve a cabo una serie de operaciones en la base de datos para calcular el resultado deseado.

c) El usuario describe la información deseada sin dar un procedimiento concreto para obtener esa información.

d) El usuario describe la información deseada sin dar un valor concreto para obtener esa información.

3. El álgebra relacional:

a) Es un lenguaje de consulta no procedimental.
b) Es un lenguaje de consulta procedimental.
c) No es un lenguaje de consulta procedimental.
d) La respuesta a) y c) son correctas.

4. ¿Cuál de las siguientes no es una operación fundamental en el álgebra relacional?

a) Proyección.
b) Definición.
c) Diferencia de conjuntos.
d) Renombramiento.

5. ¿Cuál de los siguientes no es una operación unaria?

a) Selección.
b) Proyección.
c) Renombramiento.
d) Todas son unarias.

6. ¿Cuál es la letra que se usa para identificar la selección?

a) π
b) σ
c) U
d) X

7. La consulta para encontrar el DNI y número de matrícula de los alumnos en que el nombre es "Ana", es una expresión del álgebra relacional, que se escribe:

a) σ DNI,NMat (π Nombre="Ana" (Alumno))
b) π DNI,NMat (σ Nombre="Ana" (Alumno))
c) π DNI,NMat (X Nombre="Ana" (Alumno))
d) σ DNI,NMat (X Nombre="Ana" (Alumno))

8. La consulta para encontrar el DNI de los alumnos que están en la tabla Alumno, pero no están en la tabla Cursa, al no cursar ninguna asignatura, se escribe:

a) π DNI (Alumno) - π DNI (Cursa)
b) σ DNI (Alumno) - σ DNI (Cursa)
c) σ DNI (Alumno) - π DNI (Cursa)
d) π DNI (Alumno) - σ DNI (Cursa)

9. El producto cartesiano de dos relaciones R y S, de grados m y n respectivamente:

a) Se denota R - S y es el conjunto formado por todas las posibles tuplas de m + n atributos en las que los m primeros atributos son de R y los n restantes pertenecen a S.
b) Se denota R - S y es el conjunto formado por todas las posibles tuplas de m * n atributos en las que los m primeros atributos son de R y los n restantes pertenecen a S.

c) Se denota R x S y es el conjunto formado por todas las posibles tuplas de m + n atributos en las que los m primeros atributos son de R y los n restantes pertenecen a S.

d) Se denota R x S y es el conjunto formado por todas las posibles tuplas de m * n atributos en las que los m primeros atributos son de R y los n restantes pertenecen a S.

10. ¿Cuál de las siguientes expresiones es correcta con respecto a la intersección de conjuntos?

a) $R \cap S = R \cup (R - S)$
b) $R \cap S = R - (R \cup S)$
c) $R \cap S = R - (R - S)$
d) Ninguna es correcta.

En MADTEST tienes **más preguntas de este tema**, y todos tus avances quedan registrados y se reflejan en el ranking.

¡Supera tus límites con MADTEST!

Solución al test n.º 3

1. b) El usuario instruye al sistema para que lleve a cabo una serie de operaciones en la base de datos para calcular el resultado deseado.

2. c) El usuario describe la información deseada sin dar un procedimiento concreto para obtener esa información.

3. b) Es un lenguaje de consulta procedimental.

4. b) Definición.

5. d) Todas son unarias.

6. b) σ

7. b) π DNI,NMat (σ Nombre="Ana" (Alumno))

8. a) π DNI (Alumno) - π DNI (Cursa)

9. c) Se denota R x S y es el conjunto formado por todas las posibles tuplas de m + n atributos en las que los m primeros atributos son de R y los n restantes pertenecen a S.

10. c) $R \cap S = R - (R - S)$

TEST N.º 4

**Diseño y programación orientada a objetos.
Elementos y componentes software: objetos, clases, herencia,
métodos, sobrecarga. Ventajas e inconvenientes.
Patrones de diseño y lenguaje de modelado unificado (UML)**

1. En la programación orientada a objetos:

a) Se pone el foco en lo que hay que hacer para resolver el problema.
b) Se pone el foco en cómo resolver el problema.
c) Se pone el foco en cómo minimizar el problema.
d) Se pone el foco en el escenario del problema.

2. Cuando decimos que la metodología orientada a objetos presenta una disminución de la brecha semántica nos referimos a que:

a) Recorta la separación entre la fase de análisis y diseño.
b) Recorta la separación entre la fase de diseño e implementación.
c) Recorta la separación entre la fase de análisis e implementación.
d) Recorta la separación existente entre el mundo real y el mundo del software.

3. Las propiedades fundamentales de la programación orientada a objetos son:

a) Abstracción, objetividad, herencia y polimorfismo.
b) Abstracción, objetividad, encapsulado y polimorfismo.
c) Abstracción, encapsulado, herencia y tipificidad.
d) Abstracción, encapsulado, herencia y polimorfismo.

4. El encapsulado protegido permite:

a) Acceder las funciones de clases heredadas.
b) Puede acceder a los datos o métodos de una clase.
c) El acceso está restringido a las clases.
d) El acceso está restringido a los métodos de esa clase.

5. El polimorfismo es:

a) El uso de operadores o funciones de forma diferente, dependiendo de las funciones sobre los que están actuando.
b) El uso de operadores o funciones de forma diferente, dependiendo de los objetos sobre los que están actuando.
c) El uso de operadores o funciones de forma diferente, dependiendo del criterio del programador.
d) El uso de operadores o funciones de forma diferente, dependiendo de los datos sobre los que están actuando.

6. Indica la expresión correcta:

a) La herencia debe entenderse como una herramienta trascedente, pues permite establecer una relación jerárquica entre todos los conceptos.
b) La herencia debe entenderse como una herramienta trascedente, pues permite establecer una relación libre entre todos los conceptos.
c) La herencia debe entenderse como una herramienta trascedente, pues permite establecer una relación condicionada entre todos los conceptos.
d) La herencia debe entenderse como una herramienta trascedente, pues permite establecer una relación independiente entre todos los conceptos.

7. Un objeto está constituido por:

a) Identidad, estado y clase.
b) Identidad, estado y complemento.
c) Identidad, clase y comportamiento.
d) Identidad, estado y comportamiento.

8. Las agregaciones son un tipo de relaciones entre objetos que se caracterizan porque:

a) Establecen una asociación concreta por la que un objeto denominado cliente utiliza o demanda el servicio de otro objeto denominado servidor.
b) Establecen relaciones entre un conjunto y una parte del mismo.
c) Establecen una asociación por la que un objeto llama a una parte de otro.
d) Establecen una asociación por la que un objeto se relaciona con otro de su misma clase.

9. Una clase es:

a) Un conjunto de objetos que comparten una estructura y comportamiento comunes.
b) Un conjunto de objetos que comparten un fin común.
c) Un conjunto de objetos que comparten una estructura y objetivos comunes.
d) Un conjunto de objetos que comparten una estructura y funciones comunes.

10. Los atributos de un objeto son:

a) Un conjunto de valores numéricos o alfanuméricos.
b) Un conjunto de valores numéricos.
c) Un conjunto de valores aleatorios.
d) Nunca puede ser un valor único.

En MADTEST tienes **más preguntas de este tema**, y todos tus avances quedan registrados y se reflejan en el ranking.

¡Supera tus límites con MADTEST!

Solución al test n.º 4

1. d) Se pone el foco en el escenario del problema.

2. d) Recorta la separación existente entre el mundo real y el mundo del software.

3. d) Abstracción, encapsulado, herencia y polimorfismo.

4. a) Acceder las funciones de clases heredadas.

5. b) El uso de operadores o funciones de forma diferente, dependiendo de los objetos sobre los que están actuando.

6. a) La herencia debe entenderse como una herramienta trascedente, pues permite establecer una relación jerárquica entre todos los conceptos.

7. d) Identidad, estado y comportamiento.

8. b) Establecen relaciones entre un conjunto y una parte del mismo.

9. a) Un conjunto de objetos que comparten una estructura y comportamiento comunes.

10. a) Un conjunto de valores numéricos o alfanuméricos.

Arquitectura Java EE/Jakarta EE y plataforma.NET: componentes, persistencia y seguridad. Características, elementos, lenguajes y funciones en ambos entornos. Desarrollo de Interfaces

1. Java Server Faces (JSF) en Java EE se desarrolla en la capa:

a) Cliente.
b) Web.
c) De negocio.
d) Componentes.

2. Enterprise Java Beans es un contenedor:

a) Cliente.
b) Web.
c) De negocio.
d) Componentes.

3. Java EE Connector Arquitectura:

a) Permite el acceso a otro tipo de sistemas de información empresarial (EIS) como parte de soluciones de integración de aplicación de empresa (EAI).
b) Permite a las aplicaciones de Java EE acceder a servicios de control de autenticación y acceso.
c) Es el servicio de directorio, permite a los clientes descubrir y buscar objetos y datos a través de un nombre.
d) Es una interfaz de programación de aplicaciones (API) de Java EE en Extensible Markup Language (XML) para la creación de servicios web.

4. Java Authentication and Authorization Service (JAAS):

a) Incorpora funciones criptográficas que son necesarias para que determinadas aplicaciones se puedan ejecutar.
b) Está destinado a proveer un proceso de comunicación segura en Internet.

c) Es una interfaz genérica para la autenticación y la mensajería segura.

d) Es una interfaz que permite a las aplicaciones Java acceder a servicios de control de autenticación y autorización.

5. En relación con Java Persistence API (JPA) indica la afirmación incorrecta:

a) JPA se puede definir como un modelo de persistencia estándar para todas las aplicaciones Java, no pudiendo ser utilizado tanto en Java SE, como en Java EE.

b) Es una solución completa, que se caracteriza por soportar tanto la herencia como el polimorfismo.

c) El objetivo principal que persigue JPA es mantener las ventajas de la orientación a objetos al interactuar con bases de datos.

d) JPA emplea un modelo de anotaciones de metadatos y archivos del descriptor XML para configurar el mapeo entre objetos Java en el ámbito de aplicación y las tablas de la base de datos relacional.

6. Un ORM:

a) Tiene como objetivo establecer una correspondencia (o mapeo) entre el modelo de objetos y el modelo relacional, asociando cada clase persistente a una tabla y cada uno de sus atributos a un campo de la tabla.

b) Tiene como objetivo establecer una correspondencia (o mapeo) entre el modelo de análisis y el modelo convergente, asociando cada clase persistente a una tabla y cada uno de sus atributos a un campo de la tabla.

c) Tiene como objetivo establecer una correspondencia (o mapeo) entre el modelo de análisis y el modelo convergente, asociando cada clase persistente a un sistema y cada una de sus herencias a un campo de la tabla.

d) Tiene como objetivo establecer una correspondencia (o mapeo) entre el modelo de objetos y el modelo relacional, asociando cada clase persistente a un sistema y cada una de sus herencias a un campo de la tabla.

7. Indica la afirmación incorrecta relacionada con el CLR:

a) Puede aislar totalmente ensamblados entre sí, cuando el código tiene seguridad de tipos.

b) Las aplicaciones que lo usen deben interactuar con el sistema de seguridad.

c) Ayuda a garantizar que los ensamblados no puedan ejercer actuaciones negativas entre ellos.

d) Algunas de las aplicaciones que lo usen deben interactuar con el sistema de seguridad.

8. Las bibliotecas de clases seguras:

a) La plataforma .NET no tiene bibliotecas de clases seguras.

b) No es necesario que existan permisos para poder acceder a cualquier biblioteca que use el código.

c) Usa peticiones de seguridad para asegurarse de que los solicitantes de la biblioteca tienen permiso para acceder a los recursos que expone.

d) La plataforma .NET tiene bibliotecas de herencias.

9. El lenguaje C es un lenguaje:

a) De propósito específico.
b) Estructurado.
c) De alta tipificidad.
d) Poco expresivo.

10. El debugger es:

a) Una herramienta para depurar el código.
b) Una herramienta para compilar el código.
c) Una herramienta para crear el código.
d) Una herramienta para crear la documentación.

En MADTEST tienes **más preguntas de este tema**, y todos tus avances quedan registrados y se reflejan en el ranking.

¡Supera tus límites con MADTEST!

Solución al test n.º 5

1. b) Web.

2. c) De negocio.

3. a) Permite el acceso a otro tipo de sistemas de información empresarial (EIS) como parte de soluciones de integración de aplicación de empresa (EAI).

4. d) Es una interfaz que permite a las aplicaciones Java acceder a servicios de control de autenticación y autorización.

5. a) JPA se puede definir como un modelo de persistencia estándar para todas las aplicaciones Java, no pudiendo ser utilizado tanto en Java SE, como en Java EE.

6. a) Tiene como objetivo establecer una correspondencia (o mapeo) entre el modelo de objetos y el modelo relacional, asociando cada clase persistente a una tabla y cada uno de sus atributos a un campo de la tabla.

7. d) Algunas de las aplicaciones que lo usen deben interactuar con el sistema de seguridad.

8. c) Usa peticiones de seguridad para asegurarse de que los solicitantes de la biblioteca tienen permiso para acceder a los recursos que expone.

9. b) Estructurado.

10. a) Una herramienta para depurar el código.

TEST N.º 6

Arquitectura de sistemas cliente/servidor y multicapas: componentes y operación. Arquitecturas de servicios web y protocolos asociados

1. Señala la afirmación que NO es una ventaja de los sistemas distribuidos:

a) Permite compartir recursos tanto hardware como software.
b) Suelen ser sistemas cerrados donde es posible combinar tanto hardware como software de distintos fabricantes.
c) Se da la concurrencia.
d) Son sistemas escalables.

2. Señala la afirmación FALSA en relación con los sistemas distribuidos:

a) Los sistemas distribuidos son más complejos que los centralizados.
b) Hay que prestar especial atención a la seguridad.
c) Un sistema distribuido es altamente predecible donde cada elemento del sistema tiene una función determinada.
d) En un sistema distribuido es necesario buscar algún tipo de mecanismo para lograr una sincronización común,

3. Señala el modelo que corresponde con la siguiente afirmación: "Existe un código almacenado en un servidor. Cuando un usuario hace una petición, se descarga el código y se ejecuta de forma local":

a) Código móvil.
b) Agentes móviles.
c) Computadores en red.
d) Clientes ligeros.

4. Señala la afirmación que corresponde con la definición de agente móvil:

a) Las aplicaciones se ejecutan en un servidor remoto muy potente.
b) Es un programa en ejecución que se va trasladando a distintos ordenadores de una red para realizar alguna función.

c) Tanto el sistema operativo de los ordenadores como las aplicaciones software que necesite el usuario, se descargan de un servidor de archivos remoto.

d) Ninguna de las respuestas es correcta.

5. Señala la afirmación FALSA respecto al modelo cliente – servidor:

a) Es un protocolo con conexión.

b) Es un protocolo sencillo.

c) Un cliente inicia una conversación mientras que los servidores están a la espera constante de mensajes por parte de algún cliente.

d) La comunicación entre cliente y servidor se realiza intercambiando mensajes.

6. En una aplicación basada en el modelo cliente – servidor, ¿quién se encarga de la gestión de la interfaz de usuario?

a) El cliente.

b) El servidor.

c) El *middleware*.

d) Ninguna de las respuestas es correcta.

7. ¿Qué función tiene el *middleware*?

a) Gestionar los requerimientos de los clientes.

b) Gestionar las reglas de negocio.

c) Gestionar la presentación de la información.

d) Permite a un usuario de un sistema de información poder acceder a distintas fuentes de información a través de una red.

8. ¿En qué caso, el servidor en un modelo cliente – servidor tiene solo la función de la gestión de datos?

a) *Fat client*.

b) *Fat server*.

c) *Thin client*.

d) Ninguna de las repuestas es correcta.

9. ¿En qué caso es recomendable un servidor de transacciones?

a) Para compartir ficheros en red.

b) En el caso de transacciones bancarias.

c) En el caso de un servidor de impresión.

d) Ninguna de las respuestas es correcta.

10. ¿A qué lógica corresponde la siguiente afirmación: "se comunica con la lógica de datos para almacenar datos o para recuperar información"?

a) Lógica de presentación.
b) Lógica de negocio.
c) Lógica de datos.
d) Ninguna de las respuestas es correcta.

En MADTEST tienes **más preguntas de este tema**, y todos tus avances quedan registrados y se reflejan en el ranking.

¡Supera tus límites con MADTEST!

Solución al test n.º 6

1. b) Suelen ser sistemas cerrados donde es posible combinar tanto hardware como software de distintos fabricantes.

2. c) Un sistema distribuido es altamente predecible donde cada elemento del sistema tiene una función determinada.

3. a) Código móvil.

4. b) Es un programa en ejecución que se va trasladando a distintos ordenadores de una red para realizar alguna función.

5. a) Es un protocolo con conexión.

6. a) El cliente.

7. d) Permite a un usuario de un sistema de información poder acceder a distintas fuentes de información a través de una red.

8. a) *Fat client*.

9. b) En el caso de transacciones bancarias.

10. b) Lógica de negocio.

TEST N.º 7

Aplicaciones web. Desarrollo web *front-end* y en servidor, multiplataforma y multidispositivo. Lenguajes: HTML, XML y sus derivaciones. Navegadores y lenguajes de programación web. Lenguajes de script

1. ¿Qué es un CGI?

a) Es una forma de diseñar páginas web estáticas.
b) Es un mecanismo de comunicación por el que una aplicación que corre en una computadora cliente puede solicitar datos de un programa ejecutado en un servidor web.
c) Es un protocolo que es muy usado en las comunicaciones entre cliente y servidor que permite que el tráfico vaya cifrado de extremo a extremo.
d) Es el Interfaz Gráfico de Cliente.

2. ¿Qué lenguaje permite efectos visuales, menús interactivos y adaptación al tipo de dispositivo en una web?

a) JavaScript.
b) HTML.
c) XHTML.
d) CGI.

3. ¿Cuál es la finalidad de CSS?

a) Realizar peticiones al servidor en segundo plano.
b) Simular una aplicación de escritorio desde una página.
c) Separar la estructura del contenido de su presentación visual.
d) Ninguna de las anteriores..

4. ¿Qué tecnología permite crear hilos en una máquina virtual para cada cliente, optimizando el rendimiento en comparación con CGI?

a) HTML5.
b) *Applet*.

c) PHP.
d) *Servlet*.

5. ¿Qué tecnología permite actualizar dinámicamente una parte de la página web sin recargarla completamente?

a) *Applet*.
b) *Servlet*.
c) AJAX.
d) XHTML.

6. A continuación se tiene una definición de variable en JavaScript. ¿Qué tipo de variable es?

var ejemplo_variable = ["rojo", "azul", "blanco"];

a) Numérica.
b) Cadena de texto.
c) Booleana.
d) Array.

7. ¿De qué tipo son las variables que se definen dentro de una función en JavaScript?

a) En JavaScript, solo existen variables globales.
b) Locales.
c) Variables de salida.
d) Ninguna de las respuestas es correcta.

8. ¿Qué ocurre si en una función se utiliza una variable que no se ha definido dentro de esa función en JavaScript?

a) La variable pasa a ser global.
b) Da error ya que todas las variables se tienen que definir en una función.
c) Todas las variables que se usan en una función son locales.
d) Ninguna de las respuestas es correcta.

9. ¿Qué afirmación NO es correcta respecto a los servlets?

a) Están escrito en java.
b) Se cargan una vez en el servidor y se crea un *thread* por cada petición.
c) Los *servlets* se ejecutan en una máquina virtual de java en el servidor.
d) Tienen problemas de seguridad y las vulnerabilidades de su código han sido explotadas por los *hackers*.

10. En relación con los servicios web, ¿qué es lo que provee con un catálogo de negocios en Internet en el contexto de los servicios web?

a) SOAP.

b) WSDL.

c) UDDI.

d) Ninguna de las respuestas es correcta.

En MADTEST tienes **más preguntas de este tema**, y todos tus avances quedan registrados y se reflejan en el ranking.

¡Supera tus límites con MADTEST!

Solución al test n.º 7

1. b) Es un mecanismo de comunicación por el que una aplicación que corre en una computadora cliente puede solicitar datos de un programa ejecutado en un servidor web.

2. a) JavaScript.

3. c) Separar la estructura del contenido de su presentación visual..

4. d) Servlet.

5. c) AJAX.

6. d) Array.

7. b) Locales.

8. a) La variable pasa a ser global.

9. d) Tienen problemas de seguridad y las vulnerabilidades de su código han sido explotadas por los *hackers*.

10. c) UDDI.

TEST N.º 8

Accesibilidad, diseño universal y usabilidad. Acceso y usabilidad de las tecnologías, productos y servicios relacionados con la sociedad de la información. Confidencialidad y disponibilidad de la información en puestos de usuario final. Conceptos de seguridad en el desarrollo de sistemas

1. El propósito del diseño universal es:

a) Complicar la realización de las tareas cotidianas mediante la construcción de productos, servicios y entornos más sencillos de usar por todas las personas.

b) Simplificar la realización de las tareas cotidianas mediante la construcción de productos, servicios y entornos más sencillos de usar por todas las personas.

c) Perjudicar a todas las personas de todas las edades y habilidades.

d) Limitar el acceso a la información.

2. La usabilidad se refiere:

a) El grado en que un producto puede ser usado por usuarios específicos para lograr objetivos específicos con efectividad, eficiencia y satisfacción.

b) La facilidad con la que un sistema puede ser aprendido y utilizado por un grupo definido de usuarios.

c) El conjunto de características que permiten que una interfaz sea comprensible e intuitiva.

d) La calidad estética, perceptiva y funcional de un sistema.

3. El concepto de accesibilidad tecnológica supone entender que las personas utilizan la red de modos diferentes. Estas diferencias pueden manifestarse en:

a) El equipo (hardware) y los programas (software) que utilicen.

b) El navegador con el cual accedan a Internet.

c) Los diferentes dispositivos de entrada y salida de la información.

d) Todas las respuestas anteriores son correctas.

4. La accesibilidad significa proporcionar flexibilidad para acomodarse a las necesidades de cada usuario y sus preferencias.

a) Falso.
b) Depende del usuario.
c) Verdadero.
d) Depende de las preferencias.

5. ¿Qué significa WAI?

a) Acrónimo en inglés de *Web Access Initiative*.
b) Acrónimo en inglés de *Web Accessibility Initiative*.
c) Acrónimo en inglés de *Web Accessibility Initial*.
d) Acrónimo en inglés de *Work Accessibility Initiative*.

6. ¿Qué objetivo tiene la WAI?

a) Facilitar el acceso de las personas con diversidad funcional, desarrollando pautas de accesibilidad, mejorando las herramientas para la evaluación y reparación de accesibilidad web.
b) Dificultar el acceso de las personas con diversidad funcional, desarrollando pautas de no accesibilidad, dificultando las herramientas para la evaluación y reparación de accesibilidad web.
c) Reducir el acceso de las personas con diversidad funcional, reduciendo pautas de accesibilidad.
d) Aumentar el número de personas con diversidad funcional.

7. Para que un contenido web sea accesible ha de ser:

a) Imperceptible, comprensible, operable y robusto.
b) Perceptible, comprensible, operable y débil.
c) Perceptible, comprensible, operable y robusto.
d) Perceptible, incomprensible, operable y robusto.

8. ¿Se puede considerar el diseño universal como un proceso no proactivo?

a) Sí.
b) Depende del proceso.
c) Depende del diseño.
d) No.

9. Indica la opción que no sería un principio del diseño universal:

a) Equidad en el uso
b) Flexibilidad de uso
c) Minimización de la carga cognitiva
d) Tolerancia al error

10. El currículum flexible:

a) Se adapta a un rango de habilidades y preferencias.
b) No considera las diversidades funcionales sensoriales.
c) No percibe los ritmos de aprendizaje.
d) Todas las respuestas anteriores son falsas.

En MADTEST tienes **más preguntas de este tema**, y todos tus avances quedan registrados y se reflejan en el ranking.

¡Supera tus límites con MADTEST!

Solución al test n.º 8

1. b) Simplificar la realización de las tareas cotidianas mediante la construcción de productos, servicios y entornos más sencillos de usar por todas las personas.

2. a) El grado en que un producto puede ser usado por usuarios específicos para lograr objetivos específicos con efectividad, eficiencia y satisfacción.

3. d) Todas las respuestas anteriores son correctas.

4. c) Verdadero.

5. b) Acrónimo en inglés de *Web Accessibility Initiative.*

6. a) Facilitar el acceso de las personas con diversidad funcional, desarrollando pautas de accesibilidad, mejorando las herramientas para la evaluación y reparación de accesibilidad web.

7. c) Perceptible, comprensible, operable y robusto.

8. d) No.

9. c) Minimización de la carga cognitiva

10. a) Se adapta a un rango de habilidades y preferencias.

TEST N.º 9

**Repositorios: estructura y actualización.
Generación de código y documentación. Metodologías
de desarrollo. Pruebas. Programas para control de versiones.
Plataformas de desarrollo colaborativo de software**

1. Se entiende por CASE:

a) *Computer-Aided Systems Engineering.*
b) *Computer Asisstant Software Enable.*
c) Ingeniería del Software Asistida por Computadora.
d) Las respuestas a) y c) son correctas.

2. La tecnología CASE pretende:

a) Permitir la aplicación práctica de metodologías de desarrollo de software, lo que resulta muy difícil sin emplear herramientas.
b) Simplificar el mantenimiento de los programas.
c) Aumentar la portabilidad de las aplicaciones.
d) Todas las respuestas anteriores son correctas.

3. Los sistemas CASE almacenan información por proyecto, y cada aplicación es considerada como un proyecto. ¿Es así?

a) Es verdadero.
b) Es falso.
c) Depende del proyecto.
d) Las herramientas CASE no almacenan información.

4. Señala la opción que no sea un elemento de una herramienta CASE:

a) Repositorio.
b) Metamodelo.

c) Analista.

d) Generador de informes.

5. El repositorio de una herramienta CASE:

a) Es un metamodelo.

b) Necesita el apoyo de un SGBD.

c) Es un generador de informes.

d) Es un interfaz de usuario.

6. Las herramientas CASE computacionales que apoyan cada una de las distintas etapas del ciclo de desarrollo de un sistema de información se denominan:

a) I-CASE.

b) U-CASE.

c) Tools-CASE.

d) L-CASE.

7. Las herramientas CASE *workbench* se denominan:

a) I-CASE.

b) U-CASE.

c) Tools-CASE.

d) L-CASE.

8. ¿Es el I-CASE costoso?

a) No.

b) Sí.

c) Depende de ciclo de vida.

d) Depende de la solución simple.

9. Las herramientas U-CASE:

a) Tienen mayor costo que las I-CASE.

b) Mejoran la productividad.

c) Se utilizan en plataforma PC.

d) Permiten la integración del ciclo de vida.

10. Las herramientas L-CASE:

a) Son dirigidas a las primeras fases del desarrollo.
b) No mejoran la productividad a corto plazo.
c) Permiten un eficiente soporte del mantenimiento de sistemas.
d) Permiten la integración del ciclo de vida.

En MADTEST tienes **más preguntas de este tema**, y todos tus avances quedan registrados y se reflejan en el ranking.

¡Supera tus límites con MADTEST!

Solución al test n.º 9

1. d) Las respuestas a) y c) son correctas.

2. d) Todas las respuestas anteriores son correctas.

3. a) Es verdadero.

4. c) Analista.

5. b) Necesita el apoyo de un SGBD.

6. a) I-CASE.

7. a) I-CASE.

8. b) Sí.

9. c) Se utilizan en plataforma PC.

10. c) Permiten un eficiente soporte del mantenimiento de sistemas.

IV. Sistemas y Comunicaciones

TEST N.º 1

Administración del Sistema operativo y software de base. Actualización, mantenimiento y reparación del sistema operativo

1. Un sistema operativo es:

a) El software principal o conjunto de programas de un sistema informático que gestiona los recursos de hardware y provee servicios a los programas de aplicación de software, ejecutándose en modo privilegiado respecto de los restantes.

b) El software principal o conjunto de programas de un sistema informático que gestiona los recursos de hardware y provee procedimientos a los programas de aplicación de software, ejecutándose en modo privilegiado respecto de los restantes.

c) La respuesta a) y b) son correctas.

d) Ninguna es correcta.

2. Cuál es el nombre del chip que es obligatorio para poder instalar Windows 11:

a) TMP.

b) TCM.

c) TPM.

d) TMC.

3. Es incorrecto llamar al sistema operativo núcleo:

a) Si el núcleo es monolítico.

b) Si el núcleo no es monolítico.

c) Si el kernel es direccional.

d) Ninguna es correcta.

4. ¿Cuál de las siguientes afirmaciones no está relacionada con la definición de proceso?

a) Un programa en ejecución que necesita tiempo de CPU para realizar su tarea.

b) Un programa en ejecución que necesita memoria para realizar su tarea.

c) Un programa en ejecución que necesita dispositivos de E/S para realizar su tarea.

d) Un programa en ejecución que necesita de dispositivos de almacenamiento primario.

5. La memoria es una gran tabla de:

a) Palabras que se referencian cada una mediante una dirección única.
b) Celdas que se referencian cada una mediante una dirección única.
c) Bytes que se referencian cada uno mediante una dirección única.
d) Las respuestas a) y c) son correctas.

6. La memoria principal es:

a) De almacenamiento secundario y es volátil.
b) De almacenamiento primario y es no volátil.
c) De almacenamiento secundario y es no volátil.
d) De almacenamiento primario y es volátil.

7. ¿Cuál de los siguientes no es un sistema de archivo?

a) ext4
b) NTFS
c) XFS
d) XTF.

8. El sistema operativo administra:

a) La unidad central de procesamiento (donde está alojado el microprocesador).
b) Los dispositivos de entrada y salida.
c) La memoria principal (o de acceso directo).
d) Todas son correctas.

9. El cargador de programas es la parte del sistema operativo cuya función es:

a) Cargar programas en memoria desde los ejecutables.
b) Cargar hardware en memoria desde los ejecutables.
c) Cargar programas en el Sistema Operativo desde los ejecutables.
d) Todas son correctas.

10. En los sistemas Unix, el cargador es el manejador para la llamada del sistema:

a) exevce()
b) execve()
c) execev()
d) exevec()

En MADTEST tienes **más preguntas de este tema**, y todos tus avances quedan registrados y se reflejan en el ranking.

¡Supera tus límites con MADTEST!

Solución al test n.º 1

1. a) El software principal o conjunto de programas de un sistema informático que gestiona los recursos de hardware y provee servicios a los programas de aplicación de software, ejecutándose en modo privilegiado respecto de los restantes.

2. c) TPM.

3. b) Si el núcleo no es monolítico.

4. d) Un programa en ejecución que necesita de dispositivos de almacenamiento primario.

5. d) Las respuestas a) y c) son correctas.

6. d) De almacenamiento primario y es volátil.

7. d) XTF.

8. d) Todas son correctas.

9. a) Cargar programas en memoria desde los ejecutables.

10. b) execve()

Administración de bases de datos. Sistemas de almacenamiento y su virtualización. Políticas, sistemas y procedimientos de *backup* y su recuperación. *Backup* de sistemas físicos y virtuales. Virtualización de sistemas y virtualización de puestos de usuario

1. La sigla en inglés DBA es se corresponde con:

a) data Base Administrator.
b) databasic Administrator.
c) database Administrator.
d) Ninguna es correcta.

2. ¿Cuál de las siguientes tareas no se corresponden con las de un DBA?

a) Implementar, dar soporte y gestionar bases de datos corporativas.
b) Crear y configurar bases de datos relacionales.
c) Ser responsable de la integridad de los datos y la disponibilidad.
d) Gestión de usuarios.

3. ¿Cuál de las siguientes tareas se corresponden con las de un DBA?

a) Diseñar, desplegar y monitorizar servidores de bases de datos.
b) Garantizar la seguridad de las bases de datos, realizar copias de seguridad y llevar a cabo la recuperación de desastres.
c) Diseñar planes de contingencia.
d) Todas son correctas.

4. El *framework* para metodología de desarrollo de software consiste en:

a) Una filosofía de desarrollo de programas de computación con el enfoque del proceso de desarrollo de software.
b) Herramientas, modelos y métodos para asistir al proceso de desarrollo de hardware.

c) Las respuestas a) y b) son correctas.
d) Ninguna es correcta.

5. ¿Cuál de los siguientes enfoques no es *framework* interactivo?

a) Modelo en cascada.
b) Prototipado.
c) Incremental.
d) Espiral.

6. ¿Cuál de los siguientes niveles no está relacionado con la optimización en la gestión del DBA?

a) Nivel de diseño.
b) Nivel de código fuente.
c) Nivel de compilación.
d) Nivel de Acceso al modelo relacional.

7. Las siglas CASE significan:

a) *Computer Aidd Software Enginering.*
b) *Computer Aided Software Enginering.*
c) *Computer Aided Software Engineering.*
d) Ninguna es correcta.

8. Las herramientas CASE son:

a) Diversas aplicaciones informáticas destinadas a aumentar la productividad en el desarrollo de software reduciendo el costo de las mismas en términos de tiempo y de dinero.
b) Diversas aplicaciones informáticas destinadas a controlar la productividad en el desarrollo de software reduciendo el costo de las mismas en términos de tiempo y de dinero.
c) Diversos programas informáticos destinados a aumentar la productividad en el desarrollo de software reduciendo el costo de las mismas en términos de tiempo y de dinero.
d) Las respuestas a) y b) son correctas.

9. ¿Cuál de las siguientes opciones no pertenece a las fases de las herramientas de tipo UCASE (Upper Case)?

a) Planificación.
b) Análisis.
c) Implementación.
d) Diseño.

10. Poseidón es una aplicación de:.

a) Diagramado de UML escrita en Java.
b) Publicada bajo la Licencia BSD.
c) Está disponible en cualquier plataforma soportada por HTML5.
d) Las respuestas a) y b) son correctas.

En MADTEST tienes **más preguntas de este tema**, y todos tus avances quedan registrados y se reflejan en el ranking.

¡Supera tus límites con MADTEST!

Solución al test n.º 2

1. c) database administrator.

2. d) Gestión de usuarios.

3. d) Todas son correctas.

4. a) Una filosofía de desarrollo de programas de computación con el enfoque del proceso de desarrollo de software.

5. a) Modelo en cascada.

6. d) Nivel de Acceso al modelo relacional.

7. c) *Computer Aided Software Engineering*.

8. d) Las respuestas a) y b) son correctas.

9. c) Implementación.

10. d) Las respuestas a) y b) son correctas.

TEST N.º 3

Administración de servidores de correo electrónico sus protocolos. Administración de contenedores y microservicios

1. El *Mail Transfer Agent* (MTA) tiene varias formas de comunicarse con otros servidores de correo, ¿cuál de las siguientes no es correcta?

a) Recibe los mensajes desde otro MTA. Actúa como "servidor" de otros servidores.
b) Envía los mensajes hacia otro MTA. Actúa como un "cliente" de otros servidores.
c) Actúa como intermediario entre un *Mail Emission Agent* y otro MTA.
d) Actúa como intermediario entre un *Mail Submission Agent* y otro MTA.

2. El Protocolo POP3:

a) Es un protocolo de nivel de aplicación en el Modelo OSI.
b) Es un protocolo de nivel de transporte en el Modelo OSI.
c) Es un protocolo de nivel físico en el Modelo OSI.
d) Es un protocolo de nivel de transmisión en el Modelo OSI.

3. En criptografía, MD5 es un algoritmo de reducción criptográfico de:

a) 128 bits.
b) 256 bits.
c) 64 bits.
d) 32 bits.

4. El Protocolo SMTP:

a) Es el protocolo estándar que permite la transferencia de metadatos de un servidor a otro mediante una conexión punto a punto.
b) Es el protocolo RCP que permite la transferencia de correo de un servidor a otro mediante una conexión punto a punto.
c) Es el protocolo estándar que permite la transferencia de correo de un servidor a otro mediante una conexión punto a punto.
d) Ninguna es correcta.

5. El Protocolo SMTP, trabaja de manera predeterminada en el puerto:

a) 25.
b) 125.
c) 33.
d) 220.

6. El comando "EXPN" del Protocolo SMTP:

a) Solicita al servidor que intercambien los papeles.
b) Se emplea para reiniciar los temporizadores.
c) Solicita al servidor la confirmación del argumento.
d) El mensaje se entrega a una terminal o a un buzón.

7. El Protocolo POP:

a) Permite recoger el correo electrónico en un servidor remoto.
b) Permite entregar el correo electrónico en un servidor remoto.
c) Permite redireccionar el correo electrónico en un servidor remoto.
d) Todas son correctas.

8. El Protocolo POP2 trabajaba con el puerto:

a) 33.
b) 25.
c) 110.
d) 109.

9. El comando "NOOP" del Protocolo SMTP:

a) Solicita al servidor que intercambien los papeles.
b) Se emplea para reiniciar los temporizadores.
c) Solicita al servidor la confirmación del argumento.
d) El mensaje se entrega a una terminal o a un buzón.

10. Cuál de las siguientes no es una solución de correo que incluye un MTA:

a) Sendmail.
b) Lotus Notes.
c) Microsoft Project.
d) Mercury Mail Transport System.

En MADTEST tienes **más preguntas de este tema**, y todos tus avances quedan registrados y se reflejan en el ranking.

¡Supera tus límites con MADTEST!

Solución al test n.º 3

1. c) Actúa como intermediario entre un Mail Emission Agent y otro MTA.

2. a) Es un protocolo de nivel de aplicación en el Modelo OSI.

3. a) 128 bits.

4. c) Es el protocolo estándar que permite la transferencia de correo de un servidor a otro mediante una conexión punto a punto.

5. a) 25.

6. c) Solicita al servidor la confirmación del argumento.

7. a) Permite recoger el correo electrónico en un servidor remoto.

8. d) 109.

9. b) Se emplea para reiniciar los temporizadores.

10. c) Microsoft Project.

TEST N.º 4

Administración de redes de área local. Gestión de usuarios. Gestión de dispositivos. Monitorización y control de tráfico

1. ¿Qué es un NOS?

a) Una aplicación.
b) Una aplicación web.
c) Un sistema operativo.
d) Un dispositivo de red.

2. Señala la función que no pertenece a las funciones de un administrador de red:

a) Diagnóstico de los problemas de la red y evaluar las posibles mejoras.
b) Mantenimiento de la red.
c) Monitorización y control del tráfico de la red.
d) Uso de las distintas aplicaciones que están instaladas en una estación cliente.

3. SNMP es un protocolo que pertenece a:

a) Gestión de usuarios.
b) Gestión de recursos.
c) Gestión de red.
d) Gestión de servicios.

4. En la gestión de usuarios, las ACL (*Access Control List*) pertenecen a:

a) Plataforma Windows.
b) Plataforma UNIX.
c) Plataforma MAC.
d) Ninguna de las respuestas es correcta.

5. Si un fichero tiene los siguientes permisos: -rw-r--r—
¿Quién tiene permiso de escritura?

a) El propietario.
b) El grupo.
c) El resto de usuarios.
d) Nadie tiene permiso de escritura.

6. ¿Qué servicio en sistemas UNIX permite crear usuarios en un servidor y validar el acceso desde cualquier estación de la red?

a) NFS
b) NSF
c) NIS
d) SIN

7. ¿Qué sistema de almacenamiento hace uso de la tecnología Fibre Channel?

a) Almacenamiento de conexión directa (DAS).
b) Almacenamiento centralizado.
c) Almacenamiento de conexión a red (NAS).
d) Redes de área de almacenamiento (SAN).

8. ¿A qué implementación de RAID pertenece un sistema que combina paridad con distribución de datos entre discos?

a) RAID 0
b) RAID 1
c) RAID 5
d) RAID 6

9. Si en un servidor se detecta una paginación excesiva, indica un problema de:

a) Una elevada carga de cpu.
b) Escasez de memoria central.
c) Interfaces de red con escasa capacidad de transferencia de datos.
d) Ninguna de las respuestas es correcta.

10. Si el procesador se encuentra frecuentemente esperando operaciones de E/S (entrada/salida), el problema está relacionado con:

a) Carga elevada de CPU.

b) Escasez de memoria.

c) Lento acceso al almacenamiento o disco.

d) Ninguna de las respuestas es correcta.

En MADTEST tienes **más preguntas de este tema**, y todos tus avances quedan registrados y se reflejan en el ranking.

¡Supera tus límites con MADTEST!

Solución al test n.º 4

1. c) Un sistema operativo.

2. d) Uso de las distintas aplicaciones que están instaladas en una estación cliente.

3. c) Gestión de red.

4. a) Plataforma Windows.

5. a) El propietario.

6. c) NIS

7. d) Redes de área de almacenamiento (SAN).

8. b) RAID 5.

9. b) Escasez de memoria central.

10. c) Lento acceso al almacenamiento o disco.

TEST N.º 5

Conceptos de seguridad de los sistemas de información. Seguridad física. Seguridad lógica. Amenazas y vulnerabilidades. Técnicas criptográficas y protocolos seguros. Mecanismos de firma digital. Infraestructura física de un CPD: acondicionamiento y equipamiento. Sistemas de gestión de incidencias. Control remoto de puestos de usuario

1. La Asociación de profesionales de tecnología de información (AITP), define los delitos informáticos como:

a) El uso, acceso, modificación y destrucción no autorizados de hardware, software, datos o recursos de red.

b) El uso o conspiración para usar recursos de cómputo o red para obtener información o propiedad tangible de manera ilegal.

c) La copia autorizada de software.

d) Las respuestas a) y b) son correctas.

2. "La autoridad, funcionario público o agente de estos que, mediando causa por delito, interceptare las telecomunicaciones o utilizare artificios técnicos de escuchas, transmisión, grabación o reproducción del sonido, de la imagen o de cualquier otra señal de comunicación, con violación de las garantías constitucionales o legales, incurrirá en la pena de inhabilitación especial para empleo o cargo público de dos a seis años. Si divulgare o revelare la información obtenida, se impondrán las penas de inhabilitación especial, en su mitad superior y, además, la de multa de seis a dieciocho meses". Pertenece a la normativa:

a) Ley Orgánica 15/1999, de 13 de diciembre, de Protección de Datos de Carácter Personal.

b) Artículo 536 Código Penal Español referentes a Delitos Informáticos.

c) Ley-Orgánica 10/1995, de 23 de noviembre publicado en el BOE número 281, de 24 de noviembre del Código Penal/ Versión vigente, 12 de enero de 2023.

d) Las respuestas b) y c) son correctas.

3. No son bienes informáticos críticos:

a) Programas de aplicación.
b) Soportes de información.
c) Las personas de la organización.
d) Utilidades de configuración.

4. Un programa que se replica enviando copias de sí mismo a través de la red local o Internet, la comunicación por correo electrónico o aprovechando errores de seguridad del sistema operativo, puede propagarse junto a otros códigos maliciosos instalando programas "troyanizados", y puede causar un gran daño mediante el ataque de denegación de servicio, es:

a) Gusano.
b) Troyano.
c) Virus Macro.
d) Rogue.

5. En el ámbito de la seguridad de los sistemas de Información, token físico de seguridad es:

a) Una clave compartida por dos entidades emisor y receptor.
b) Un dispositivo electrónico que se le da a un usuario autorizado de un servicio computarizado para facilitar el proceso de autenticación.
c) Un tipo de Impresora específico que controla los accesos de usuarios mediante una *white list* cuando la Impresora está conectada a la red.
d) Un tipo de Impresora específico que controla los accesos de usuarios mediante una *black list* cuando la Impresora está conectada a la red.

6. Señala cuál de las siguientes afirmaciones es cierta, referente al algoritmo criptográfico IDEA:

a) Opera con bloques de 256 bits y claves de 128 bits.
b) Opera con bloques de 256 bytes, con algoritmo para descifrar.
c) Opera con bloques de 64 bits y claves de 128 bits. Mismo algoritmo para cifrar y descifrar.
d) Opera con bloques de 64 bytes. y claves de 1024 bits.con algoritmo diferente para cifrar y descifrar.

7. Indica, de las siguientes afirmaciones sobre algoritmos de cifrado, cuál es verdadera:

a) IDEA es simétrico.
b) DSA es simétrico.
c) ECIES es simétrico.
d) AES es asimétrico.

8. ¿Cuál de los siguientes es un código malicioso para secuestrar datos, en el que el atacante encripta los datos de la víctima y exige un pago por la clave de descifrado?

a) Purple.
b) Pharming.
c) Ransomware.
d) Spoofing.

9. ¿Cuál de las siguientes herramientas amplía la seguridad de aplicaciones web y móviles, mejora la gestión de los programas de seguridad de las aplicaciones y refuerza la conformidad con la normativa?

a) HP LoadRunner.
b) IBM Security AppScan.
c) Hitachi ID Systems.
d) Check Point Software.

10. ¿Qué no es cierto en el proceso de firma digital?

a) El mensaje se transforma en resumen mediante la función resumen, después es firmado con la clave privada del remitente generándose el apéndice.
b) El emisor envía por correo electrónico, mensajería electrónica o similar el mensaje+apéndice.
c) El apéndice recibido genera el resumen real utilizando la función de resumen.
d) La firma se verifica si el resumen recibido es igual al resumen real.

En MADTEST tienes **más preguntas de este tema**, y todos tus avances quedan registrados y se reflejan en el ranking.

¡Supera tus límites con MADTEST!

Solución al test n.º 5

1. d) Las respuestas a) y b) son correctas.

2. d) Las respuestas b) y c) son correctas.

3. a) Programas de aplicación.

4. a) Gusano.

5. b) Un dispositivo electrónico que se le da a un usuario autorizado de un servicio computarizado para facilitar el proceso de autenticación.

6. c) Opera con bloques de 64 bits y claves de 128 bits. Mismo algoritmo para cifrar y descifrar.

7. a) IDEA es simétrico.

8. c) Ransomware.

9. b) IBM Security AppScan.

10. c) El apéndice recibido genera el resumen real utilizando la función de resumen.

TEST N.º 6

Comunicaciones. Medios de transmisión. Modos de comunicación. Equipos terminales y equipos de interconexión y conmutación. Redes de Comunicaciones. Redes de conmutación y redes de difusión. Comunicaciones móviles y redes inalámbricas

1. La red SARA:

a) Es una red de seguridad para grandes corporaciones privadas y públicas.

b) Es una red de telecomunicaciones que interconecta a las Administraciones Públicas de ámbito nacional.

c) Facilita el intercambio seguro de información y el acceso a servicios compartidos de todas las Administraciones Públicas.

d) Es una red de telecomunicaciones que interconecta a las Administraciones Públicas de ámbito autonómico.

2. RTPC:

a) Es un sistema de control de emisión para terminales tipo TP.

b) Es un protocolo a nivel de transporte para el control en tiempo real de transferencias en *streaming*.

c) Es un protocolo de enrutamiento a nivel de red y sesión.

d) Es un tipo de transmisión de datos por red telefónica.

3. El efecto que debido a la falta de linealidad de los componentes o circuitos de los equipos de comunicaciones a partir de determinados valores de frecuencia llega a producir distorsiones o deformaciones en la señal es:

a) La intermodulación.

b) La reflexión.

c) La interferencia.

d) La difracción.

4. El Instituto Europeo de Normas de Telecomunicación es:

a) IETF.
b) CEN.
c) ECMA.
d) ETSI.

5. Los tonos de prueba senoidales para circuitos de telecomunicaciones y las señales de sincronismo son señales:

a) Periódicas.
b) No periódicas.
c) Discretas.
d) Digitales.

6. El teorema de Nyquist:

a) Relaciona la velocidad de transmisión con el ancho de banda y la relación señal/ruido.
b) Relaciona la velocidad de transmisión con el ancho de banda y el n.º de niveles de una señal digital.
c) Establece que la frecuencia de muestreo tiene que ser al menos el doble que la señal a muestrear.
d) Las respuestas b) y c) son correctas.

7. De entre los siguientes equipos de red, ¿cuál se puede utilizar para interconectar equipos dentro de una red de área local?

a) Router.
b) Access Point Inalámbrico.
c) Módem.
d) Transceptor de medios.

8. Tiene caracteres de control para transmisiones en modo carácter el código:

a) Johnson.
b) ASCII.
c) EBCDIC.
d) Las respuestas b) y c) son correctas.

9. Un error de 2 bits en un bloque de información de una trama es detectable por:

a) Un código con distancia 2 y corregible por un código de distancia 6.
b) Un código con distancia 3 y corregible por un código de distancia 5.
c) Un código con distancia 5 y corregible por un código de distancia 2.
d) Un código con distancia 4 y corregible por un código de distancia 5.

10. Son compresores sin pérdidas:

a) Los basados en comprimir la redundancia temporal: "lentitud" de variación en la imagen/señal o bits repetitivos en ficheros gráficos y de vídeo.
b) Los estadísticos y los basados en diccionarios como por ejemplo MPEG y JPEG.
c) RAR, ZIP,ARJ, PNG y FLAC.
d) MP3 y MP4.

En MADTEST tienes **más preguntas de este tema**, y todos tus avances quedan registrados y se reflejan en el ranking.

¡Supera tus límites con MADTEST!

Solución al test n.º 6

1. c) Facilita el intercambio seguro de información y el acceso a servicios compartidos de todas las Administraciones Públicas.

2. b) Es un protocolo a nivel de transporte para el control en tiempo real de transferencias en *streaming*.

3. a) La intermodulación.

4. d) ETSI.

5. a) Periódicas.

6. d) Las respuestas b) y c) son correctas.

7. a) Router.

8. d) Las respuestas b) y c) son correctas.

9. b) Un código con distancia 3 y corregible por un código de distancia 5.

10. c) RAR, ZIP, ARJ, PNG y FLAC.

El modelo TCP/IP y el modelo de referencia de interconexión de sistemas abiertos (OSI) de ISO. Protocolos TCP/IP

1. Las pilas o suite (o capas) de protocolos no son más que una jerarquía de pequeños protocolos que:

a) Trabajan juntas para llevar a cabo la gestión de los datos de un nodo a otro de la red.

b) Trabajan juntas para llevar a cabo la eliminación de los datos de un nodo a otro de la red.

c) Trabajan juntas para llevar a cabo la transmisión de los datos de un nodo a otro de la red.

d) Ninguna es correcta.

2. Las dos únicas capas del modelo con las que, de hecho, interactúa el usuario son:

a) La capa Física y la capa de Aplicación.

b) La capa Sesión y la capa de Transporte.

c) La capa Física y la capa de Transporte.

d) La capa Sesión y la capa de Aplicación.

3. El orden ascendente que siguen las capas del modelo OSI es:

a) Física, Red, Enlace, Transporte, Sesión, Presentación, Aplicación.

b) Física, Enlace, Red, Transporte, Sesión, Presentación, Aplicación.

c) Física, Enlace, Transporte, Red, Sesión, Aplicación, Presentación.

d) Física, Enlace, Red, Transporte, Sesión, Aplicación, Presentación.

4. Completa el texto. El *Internetwork Packet Exchange Protocol* o Protocolo de Intercambio de Paquetes entre Redes es un protocolo de _____ sin conexión que gestiona el direccionamiento y encaminamiento de los datos en la red.

a) Sesión.

b) Red.

c) Transporte .
d) Aplicación.

5. Completa el texto. A medida que los datos van pasando por cada una de las capas, el encabezado pertinente se va suprimiendo de los datos. Cuando los datos finalmente alcanzan la capa de _____, el destinatario puede utilizar su cliente de correo electrónico para leer el mensaje que ha recibido.

a) Enlace.
b) Red.
c) Aplicación.
d) Ninguna es correcta.

6. Los protocolos, FTP , DHCP , HTTP y HTTPS pertenecen a la capa:.

a) Enlace.
b) Red.
c) Aplicación.
d) Ninguna es correcta.

7. Si tenemos una red 172.30.23.0 /20, ¿a qué clase de red pertenece?

a) Clase A.
b) Clase B.
c) Clase C.
d) Clase D.

8. Te piden saber cuántos host están disponibles para su uso en la red anterior 172.30.23.0 /20:

a) 1022.
b) 2048.
c) 2046.
d) 4094.

9. ¿Cuál es la dirección de broadcast de la red anterior 172.30.23.0 /20?

a) 172.30.31.255.
b) 172.30.255.255.
c) 172.30.23.255.
d) 172.30.14.255.

10. Los protocolos, UDP, TCP pertenecen a la capa:

a) Enlace.
b) Transporte.
c) Aplicación.
d) Red.

En MADTEST tienes **más preguntas de este tema**, y todos tus avances quedan registrados y se reflejan en el ranking.

¡Supera tus límites con MADTEST!

Solución al test n.º 7

1. c) Trabajan juntas para llevar a cabo la transmisión de los datos de un nodo a otro de la red.

2. a) La capa Física y la capa de Aplicación.

3. b) Física, Enlace, Red, Transporte, Sesión, Presentación, Aplicación.

4. c) Transporte .

5. c) Aplicación.

6. c) Aplicación.

7. b) Clase B.

8. d) 4094.

9. a) 172.30.31.255.

10. b) Transporte.

TEST N.º 8

Internet: arquitectura de red. Origen, evolución y estado actual. Principales servicios. Protocolos HTTP, HTTPS y SSL/TLS

1. El TCP/IP fue el medio ideado por los expertos:

a) Robert Cerf y Vinton Kahn a comienzos de los años 70.
b) Robert Kahn y Vinton Cerf a comienzos de los años 60.
c) Robert Kahn y Vinton Cerf a comienzos de los años 70.
d) Robert Cerf y Vinton Kahn a comienzos de los años 60.

2. Completa el texto. Las redes que conforman las distintas capas de Internet presentan sus propios _____ para garantizar la fiabilidad de las conexiones.

a) Nodos de control.
b) *Routers*.
c) *Gateways*.
d) Las respuestas a) y c) son correctas.

3. ¿Cuántos tipos de clases de IP hay?

a) 4 , A, B, C y D.
b) 5 , A, B, C, D y E.
c) 3 , A, B y C.
d) Ninguna es correcta.

4. La dirección IP de 0.0.0.0 se denomina:

a) Red por defecto (*default*).
b) *Loopback*.
c) *Broadcast*.
d) Máscara de Red.

5. La dirección IP de 127.0.0.1 se denomina:

a) Red por defecto (*default*).
b) *Loopback*.
c) *Broadcast*.
d) Máscara de Red.

6. La dirección IP de 255.255.255.255 se denomina:

a) Red por defecto (*default*).
b) *Loopback*.
c) *Broadcast*.
d) Máscara de Red.

7. Completa el texto. La clase _____ se utiliza para las redes de tamaño mediano. Un buen ejemplo es un campus grande de la universidad. Las direcciones del IP con un primer octeto a partir del 128 a1 191 son parte de esta clase.

a) A.
b) B.
c) C.
d) Ninguna es correcta.

8. La estructura actual de Internet está basada en la interconexión de redes de forma más o menos jerárquica con varios niveles, conocidos como:

a) Niers, Nier A, Nier B y Nier C.
b) Tiers, Tier A, Tier B y Tier C.
c) Niers, Tier 1, Tier 2 y Tier 3.
d) Tiers, Tier 1, Tier 2 y Tier 3.

9. Las conexiones utilizadas para el intercambio de tráfico sin coste entre dos operadores se denomina:

a) Conexiones de tránsito.
b) Conexiones de *peering*.
c) Conexiones de Puentes.
d) Conexiones de *nooding*.

10. Completa la frase. Los protocolos de Internet se modelan en _____ capas:

a) 3, Aplicación, Transporte, Enlace.
b) 3, Aplicación, Transporte, Red.
c) 4, Aplicación, Transporte, Red, Enlace.
d) 4, Aplicación, Transporte, Red, Física.

En MADTEST tienes **más preguntas de este tema**, y todos tus avances quedan registrados y se reflejan en el ranking.

¡Supera tus límites con MADTEST!

Solución al test n.º 8

1. c) Robert Kahn y Vinton Cerf a comienzos de los años 70.

2. d) Las respuestas a) y c) son correctas.

3. b) 5 , A, B, C, D y E.

4. a) Red por defecto (*default*).

5. b) *Loopback*.

6. c) *Broadcast*.

7. b) B.

8. d) Tiers, Tier 1, Tier 2 y Tier 3.

9. b) Conexiones de *peering*.

10. c) 4, Aplicación, Transporte, Red, Enlace.

TEST N.º 9

**Seguridad y protección en redes de comunicaciones.
Seguridad perimetral. Acceso remoto seguro a redes.
Redes privadas virtuales (VPN). Seguridad en el puesto del usuario**

1. La seguridad en las Redes de la información requiere que los recursos sean modificados por quienes están autorizados y que los métodos y los procesamientos de la información sean salvaguardados en su totalidad y con exactitud. Esto lo cumple el requisito de:

a) Integridad.
b) Confidencialidad.
c) Disponibilidad.
d) Ninguna es correcta.

2. ¿Cuál de los siguientes no es un ataque a la seguridad de la red de tipo activo?

a) Enmascaramiento.
b) Análisis de Tráfico.
c) Repetición.
d) Denegación de Servicios.

3. ¿Cuál de las siguientes no es una herramientas de seguridad?

a) Autenticación.
b) Cifrado.
c) Vlan.
d) Hash.

4. Completa el texto. En una red LAN se utilizan los _____ para agrupar estaciones de trabajo y servidores en agrupaciones lógicas.

a) *Routers*.
b) *Switches*.

c) *Hubs.*
d) Ninguna es correcta.

5. Al elemento de hardware o software utilizado en una red de ordenadores para prevenir algunos tipos de comunicaciones prohibidos según las políticas de red que se hayan definido en función de las necesidades de la organización responsable de la red se le llama:

a) *Proxy.*
b) *Firewall.*
c) *Bridge.*
d) *Hub.*

6. Las amenazas se pueden dividir en tres grupos:

a) Naturales, Intencionales e Involuntarias.
b) Naturales, Intencionales y Voluntarias.
c) Naturales, Involuntarias y Voluntarias.
d) Ninguna es correcta.

7. La vulnerabilidad es el estado en el que se encuentra un activo con respecto a una amenaza y corresponde un valor calculado así:

a) Vulnerabilidad = Probabilidad de Ocurrencia – Impacto.
b) Vulnerabilidad = Probabilidad de Ocurrencia / Impacto.
c) Vulnerabilidad = Probabilidad de Ocurrencia * Impacto.
d) Vulnerabilidad = Probabilidad de Ocurrencia + Impacto.

8. ¿Cuál de los siguientes no es un requisito para la seguridad?

a) Entrenamiento a los usuarios en cuanto a las normas, procedimientos y objetivos de acceso a la red.
b) Protección de los equipos de la red.
c) Procedimientos.
d) Gestión de documentación.

9. ¿Cuál de los siguientes no es un ataque de red?

a) *Snooping.*
b) *Spoofing.*
c) *Snooling.*
d) *Flooding.*

10. A la modificación desautorizada a los datos, o al software instalado en un sistema, incluyendo borrado de archivos se le llama:

a) *Data Diggling.*
b) *Tampering.*
c) *Snooping.*
d) *Snoofing.*

En MADTEST tienes **más preguntas de este tema**, y todos tus avances quedan registrados y se reflejan en el ranking.

¡Supera tus límites con MADTEST!

Solución al test n.º 9

1. a) Integridad.

2. b) Análisis de Tráfico.

3. d) Hash.

4. b) Switches.

5. b) Firewall.

6. a) Naturales, Intencionales e Involuntarias.

7. c) Vulnerabilidad = Probabilidad de Ocurrencia * Impacto.

8. d) Gestión de documentación.

9. c) Snooling.

10. b) *Tampering*.

TEST N.º 10

Redes locales. Tipología. Técnicas de transmisión. Métodos de acceso. Dispositivos de interconexión

1. ¿Cuál de las siguientes no es un tipo de Red?

a) WAN.
b) SAN.
c) CAN.
d) PAN.

2. Completa el texto. Una _____ es una red de computadoras que conecta redes de área local a través de un área geográfica limitada. Puede ser considerada como una red de área metropolitana que se aplica específicamente a un ambiente de menor tamaño.

a) WAN.
b) CAN.
c) PAN.
d) Ninguna es correcta.

3. ¿Cuál de las siguientes no es un tipo de redes LAN?

a) Red LAN Híbrida.
b) WLAN.
c) VLAN.
d) HLAN.

4. Los componentes básicos para poder montar una red local son:

a) Servidor, Estaciones de trabajo, Tarjetas de conexión de red, *Hub*.
b) Servidor, *Router*, Tarjetas de conexión de red, Cableado.
c) Servidor, *Router*, Estaciones de trabajo, Tarjetas de conexión de red.
d) Servidor, Estaciones de trabajo, Tarjetas de conexión de red, Cableado.

5. ¿Cuál de los siguientes no es un tipo de cableado de red?

a) Par trenzado.
b) Cable coaxial.
c) Fibra óptica.
d) Par de transmisión.

6. La topología de red se define como:

a) El mapa físico de una red para intercambiar datos. En otras palabras, es la forma en que está diseñada la red.
b) El mapa lógico de una red para intercambiar datos. En otras palabras, es la forma en que está diseñada la red.
c) El mapa grafico de una red para intercambiar datos.
d) Las respuestas a) y b) son correctas.

7. ¿Cuál de las siguientes pertenece a la topología de red?

a) La distancia entre los nodos.
b) Las tasas de transmisión.
c) Los tipos de señales.
d) La configuración de las conexiones entre nodos.

8. Cuando decimos que la fiabilidad de este tipo de red es que el malfuncionamiento de un ordenador no afecta en nada a la red entera, puesto que cada ordenador se conecta independientemente del *hub*, y el costo del cableado puede llegar a ser muy alto, nos referimos a:

a) Red en Estrella.
b) Red en Anillo.
c) Red en Bus.
d) Ninguna es correcta.

9. "Interconectan segmentos de red, haciendo el cambio de *frames* entre las redes de acuerdo con una tabla de direcciones que dice en qué segmento está ubicada una dirección MAC"; ¿a cuál de los siguientes conceptos nos estamos refiriendo?

a) Repetidor.
b) *Hub*.
c) *Bridge*.
d) *Switch*.

10. **Es un dispositivo electrónico que conecta dos segmentos de una misma red, transfiriendo el tráfico de uno a otro extremo, bien por cable o inalámbrico. Los segmentos de red son limitados en su longitud, si es por cable, generalmente no superan los 100 m, debido a la pérdida de señal y la generación de ruido en las líneas. Hablamos de un:**

a) *Hub*.
b) Repetidor.
c) *Bridge*.
d) Ninguna es correcta.

En MADTEST tienes **más preguntas de este tema**, y todos tus avances quedan registrados y se reflejan en el ranking.

¡Supera tus límites con MADTEST!

Solución al test n.º 10

1. b) SAN.

2. b) CAN.

3. d) HLAN.

4. d) Servidor, Estaciones de trabajo, Tarjetas de conexión de red, Cableado.

5. d) Par de transmisión.

6. d) Las respuestas a) y b) son correctas.

7. d) La configuración de las conexiones entre nodos.

8. a) Red en Estrella.

9. c) Bridge.

10. b) Repetidor.

SUPUESTOS PRÁCTICOS

En el Curso MAD360 tienes más **supuestos prácticos** y todos tus avances quedan registrados.

¡MAD360, todo lo que necesitas para conseguir tu plaza!

Referencia básica

- Bloque III: Desarrollo de Sistemas.
  * Tema 3: Lenguajes de interrogación de bases de datos. Estándar ANSI SQL. Procedimientos almacenados. Eventos y disparadores.

Enunciado

Se nos pide implementar la gestión para una empresa de venta de material informático, que tendrá que gestionar los datos que se almacenarán en la misma, y a la que llamaremos **SUMINISMAD**.

En concreto almacenaremos información de los Clientes que compran, Artículos que se venden, Empleados que realizan los pedidos y a nivel de la gestión de ventas nos centraremos en el proceso de gestión de Presupuestos, en los cuales almacenaremos qué clientes los solicitan, qué empleado de la empresa lo gestiona y que artículos se solicitan.

Las tablas que compondrán la base de datos serán las siguientes: "*Clientes*", "*Empleados*", "*Artículos*" y "*Presupuestos*". Por último, como un mismo artículo puede venderse en diferentes presupuestos y en un presupuesto concreto tendremos más de un Artículo, necesitaremos la tabla "*Presupuesto Detalle*", que se encargará de relacionar los Presupuestos con los artículos del mismo.

Nuestra gestión se encargará de todos los procesos de datos con respecto a las tablas de las que hemos hablado, Insertar, eliminar o modificar datos, *querys* que se necesiten para tener control de todas las situaciones que sean necesarias en la gestión diaria de los datos.

Se trabajará con un SGBDR mediante lenguaje SQL. La estructura de la base de datos se creará empleando sentencias SQL que se ejecutarán sobre una herramienta que ofrece el propio SGBDR. Se diseñará además un programa cliente que enlazará con el SGBDR, en el cual se realizarán las labores de consulta sobre la base de datos.

Vamos a ver a continuación las tablas de nuestra base de datos y los campos que las compondrán. Podremos ver en cada una de ellas el tipo de datos de cada campo y marcaremos el campo clave.

ARTICULOS

Nombre del campo	Tipo de datos
COD_ARTICULO	Texto corto
NOMBRE	Texto corto
DESCRIPCION	Texto corto
PVP	Moneda
STOCK_ACTUAL	Número
STOCK_MINIMO	Número
OBSERVACIONES	Texto largo

CLIENTES

Nombre del campo	Tipo de datos
ID_CLIENTE	Texto corto
NOMBRE	Texto corto
APELLIDOS	Texto corto
EMPRESA	Texto corto
CIF_NIF	Texto corto
MOVIL	Texto corto
DIRECCION	Texto corto
FECHA_ALTA	Fecha/Hora
OBSERVACIONES	Texto largo

PRESUPUESTOS

Nombre del campo	Tipo de datos
NUM_PRESUPUESTO	Texto corto
FECHA_ALTA	Fecha/Hora
CLIENTE	Texto corto
EMPLEADO	Texto corto
UNIDADES_TOTAL	Número
IMPORTE_TOTAL	Moneda
ESTADO	Texto corto
OBSERVACIONES	Texto largo

PRESUPUESTO_DETALLE

Nombre del campo	Tipo de datos
NUM_PRESUPUESTO	Texto corto
COD_ARTICULO	Texto corto
UNIDADES	Número
PVP	Moneda
OBSERVACIONES	Texto largo

EMPLEADOS

Nombre del campo	Tipo de datos
ID_EMPLEADO	Texto corto
NOMBRE	Texto corto
APELLIDOS	Texto corto
FECHA_ALTA	Fecha/Hora
ACTIVO	Sí/No
OBSERVACIONES	Texto largo

A continuación, vemos también las relaciones que hay entre las diferentes tablas de la base de datos.

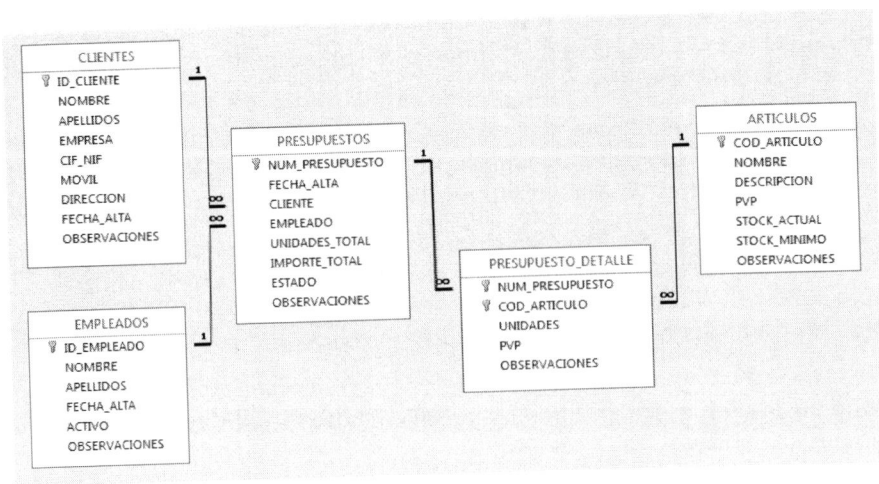

Preguntas

1. ¿Cómo mostraría los Clientes de los que tengamos teléfono móvil registrado?

a) SELECT * FROM Clientes WHERE movil like '6%'
b) SELECT * FROM Clientes WHERE movil like '6'
c) SELECT * FROM Clientes WHERE movil not is null
d) SELECT * FROM Clientes WHERE movil Is not null

2. Para listar los presupuestos que estén en estado cerrado y que sean gestiona-dos por el Empleado "E1", señale la opción correcta:

a) SELECT * FROM Empleados AS E WHERE E.ID_Empleado='E1' and P.estado='CERRADO'
b) SELECT * FROM Presupuestos AS P WHERE P.Empleado='E1' and P.estado='CERRADO'
c) SELECT * FROM Empleados AS P WHERE P.ID_Empleado='E1' and E.estado='CERRADO'
d) SELECT * FROM Presupuestos AS P WHERE P.ID_Empleado='E1' and P.estado='CERRADO'

3. ¿Cómo mostraría los empleados que están activos y se dieron de alta en 2022?

a) SELECT * FROM Empleados AS E WHERE E.activo=TRUE AND E.FECHA_ALTA=#2022#
b) SELECT * FROM Empleados AS E WHERE E.activo='V' AND E.FECHA_ALTA=#2022#
c) SELECT * FROM Empleados AS E WHERE E.activo=TRUE AND E.FECHA_ALTA>=#01/01/2022# AND E.FECHA_ALTA<#01/01/2023#
d) SELECT * FROM Empleados AS E WHERE E.activo='V' AND E.FECHA_ALTA>=#01/01/2022# AND E.FECHA_ALTA<=#01/01/2023#

4. Si se desea calcular la media de las unidades presupuestadas por día se debe-rá hacer uso de la función:

a) MED.
b) PROMEDIO.
c) AVG.
d) MEDIA.

5. De las tres condiciones SQL que se detallan, la correcta es:

a) WHERE NUM_PRESUPUESTO IN (1;2;3)
b) WHERE NUM_PRESUPUESTO ON [1;2;3]
c) WHERE NUM_PRESUPUESTO IN {1,2,3}
d) WHERE NUM_PRESUPUESTO IN (1,2,3)

6. Si implementamos una consulta de SQL, la cual incluye una subconsulta:

a) Tanto la consulta principal como la subconsulta que contiene se evalúan a la vez.
b) Se evalúa 1.º la subconsulta y después se aplican los resultados a la consulta principal.

c) Se evalúa 1.º la consulta principal y después se aplican los resultados a la subconsulta.
d) Ninguna es cierta.

7. Si en una consulta de SQL aplicamos el predicado EXISTS:

a) EXIST no es un predicado, sino una función de agregado.
b) Su resultado será verdadero o falso.
c) Su resultado será un valor numérico, dependiendo de lo que se devuelva.
d) No existe tal predicado en SQL.

8. La cláusula Group By en SQL:

a) Permite agrupar columnas.
b) Permite agrupar columnas de un rango de valores determinados que se especifican en la sentencia Group By.
c) Permite agrupar columnas que tengan un valor idéntico.
d) Ninguna es cierta.

9. Al actualizar una tabla en SQL:

a) Tendremos las cláusulas: UPDATE, SET Y WHERE obligatoriamente.
b) Tendremos las cláusulas: UPDATE Y WHERE obligatoriamente.
c) La cláusula SET indica una condición o subconsulta.
d) Tendremos las cláusulas: UPDATE y SET obligatoriamente, y WHERE opcionalmente.

10. Para listar los Artículos con Stock inferior al mínimo:

a) SELECT * FROM ARTICULOS AS A WHERE A.STOCK>=A.ACTUAL
b) SELECT * FROM ARTICULOS AS A WHERE A.STOCK_ACTUAL>=A.STOCK_MINIMO
c) SELECT * FROM ARTICULOS AS A WHERE A.STOCK_MINIMO>A.STOCK_ACTUAL
d) SELECT * FROM ARTICULOS AS A WHERE A.STOCK_MINIMO>=A.STOCK_ACTUAL

11. ¿Cómo se mostrarían los clientes que no tengan Presupuestos en la BBDD?

a) SELECT * FROM presupuestos AS P WHERE P.CLIENTE IS Null
b) SELECT NOMBRE, APELLIDOS FROM CLIENTES as C LEFT JOIN PRESUPUESTOS P ON C.ID_CLIENTE = P.CLIENTE WHERE P.CLIENTE Is Null
c) SELECT NOMBRE, APELLIDOS FROM CLIENTES as C RIGHT JOIN PRESUPUESTOS P ON C.ID_CLIENTE = P.CLIENTE WHERE P.CLIENTE Is Null
d) SELECT NOMBRE, APELLIDOS FROM CLIENTES as C INNER JOIN PRESUPUESTOS P ON C.ID_CLIENTE = P.CLIENTE WHERE P.CLIENTE Is Null

12. ¿Cómo mostraría todos los Clientes con CIF o NIF que comiencen con A, B o C?

a) SELECT * FROM CLIENTES AS C WHERE C.CIF_NIF LIKE '[A-c]'
b) SELECT * FROM CLIENTES AS C WHERE C_NIF_CIF IN '[A-c]'

c) SELECT * FROM CLIENTES AS C WHERE C.CIF_NIF IN '[A-c]*'
d) SELECT * FROM CLIENTES AS C WHERE C.CIF_NIF LIKE '[A-c]*'

13. Si en una sentencia SQL usamos la introducción de "SELECT count(*)", esto nos dice:

a) Que dicha sentencia devolverá la cuenta de todos los registros nulos o no nulos, dependerá de la cláusula FROM.
b) Que dicha sentencia devolverá la cuenta de todos los registros no nulos.
c) Que dicha sentencia devolverá la cuenta de todos los registros aunque tengan valores nulos.
d) Que dicha sentencia devolverá la cuenta de todos los registros nulos o no nulos, dependerá de la cláusula WHERE.

14. Si el diseño de nuestra base de datos SUMINISMAD cumple con la tercera forma normal:

a) Puede cumplir con la primera y segunda formas normales.
b) Cumple solo con la primera forma normal.
c) Cumple con la primera y segunda formas normales.
d) Aunque pueda no cumplir con la primera forma normal, cumple la segunda.

15. ¿Cuál de los siguientes operadores no es un operador de SQL?

a) Xor.
b) Or.
c) Not.
d) And.

16. Queremos saber el precio mínimo de TODOS los artículos que tenemos actualmente en la BBDD:

a) SELECT COD_aRTICULO, Min(ARTICULOS.PVP) AS MínDePVP FROM ARTICULOS
b) SELECT Min(ARTICULOS.PVP) AS MínDePVP FROM ARTICULOS
c) SELECT *,Min(ARTICULOS.PVP) FROM ARTICULOS
d) Ninguna es correcta.

17. Queremos introducir los datos de un nuevo Empleado directamente desde el gestor de SQL cuyo nombre es CARLOS TOJEIRO ALCALA, con ID de empleado 12. Por ahora no se ACTIVA y como Fecha de Alta debe incluirse el 1 de enero de 2023:

a) INSERT INTO Empleados (ID_Empleado, Nombre, Apellidos, Fecha_Alta, Activo, Observaciones) VALUES (12, 'CARLOS','TOJEIRO ALCALA', #01/01/2023#,True)
b) INSERT INTO Empleados (ID_Empleado, Nombre, Apellidos, Fecha_Alta, Activo) VALUES (12, 'CARLOS','TOJEIRO ALCALA', #01/01/2023#,False)

c) INSERT INTO Empleados (ID_Empleado=12, Nombre='CARLOS', Apellidos='TOJEIRO ALCALA', Fecha_Alta=#01/01/2023#)

d) INSERT INTO Empleados (ID_Empleado, Nombre, Apellidos, Fecha_Alta, Activo) VALUES (12, CARLOS,TOJEIRO ALCALA, #01/01/2023#,True)

18. Para mostrar el listado de Clientes que en las observaciones hayan hecho referencia a querer recibir informacion por Mail con la palabra clave MAIL:

a) SELECT * FROM clientes as C WHERE C.OBSERVACIONES ='MAIL'
b) SELECT * FROM clientes as C WHERE C.OBSERVACIONES =#MAIL#
c) SELECT * FROM clientes as C WHERE C.OBSERVACIONES LIKE [MAIL]
d) SELECT * FROM clientes as C WHERE C.OBSERVACIONES LIKE '%MAIL%'

19. Al usar la sentencia group by:

a) Se utilizará junto a group by la cláusula Exits.
b) Se utilizará junto a group by la cláusula where.
c) No se utilizará junto a group by ni la cláusula where ni having.
d) Se utilizará junto a group by la cláusula having.

20. Si al crear las tablas de la base de datos SUMINISMAD, se crearon también sus índices, se empleó la cláusula:

a) INDEX
b) INDEX KEY
c) NEW INDEX
d) CONSTRAINT

Solución al supuesto n.º 1

1. d) SELECT * FROM Clientes WHERE movil is not null

2. b) SELECT * FROM Presupuestos AS P WHERE P.Empleado='E1' and P.estado='CERRADO'

3. c) SELECT * FROM Empleados AS E WHERE E.activo=TRUE AND E.FECHA_ALTA>=#01/01/2020# AND E.FECHA_ALTA<#01/01/2023#

4. c) AVG.

5. d) WHERE NUM_PRESUPUESTO IN (1,2,3)

6. b) Se evalúa 1.º la subconsulta y después se aplican los resultados a la consulta principal.

7. b) Su resultado será verdadero o falso.

8. c) Permite agrupar columnas que tengan un valor idéntico.

9. d) Tendremos las cláusulas: UPDATE y SET obligatoriamente, y WHERE opcionalmente.

10. c) SELECT * FROM ARTICULOS AS A WHERE A.STOCK_MINIMO>A.STOCK_ACTUAL

11. b) SELECT NOMBRE, APELLIDOS FROM CLIENTES as C LEFT JOIN PRESUPUESTOS P ON C.ID_CLIENTE = P.CLIENTE WHERE P.CLIENTE Is Null

12. d) SELECT * FROM CLIENTES AS C WHERE C.CIF_NIF LIKE '[A-c]*'

13. c) Que dicha sentencia devolverá la cuenta de todos los registros aunque tengan valores nulos.

14. c) Cumple con la primera y segunda formas normales.

15. a) Xor.

16. b) SELECT Min(ARTICULOS.PVP) AS MínDePVP FROM ARTICULOS

17. b) INSERT INTO Empleados (ID_Empleado, Nombre, Apellidos, Fecha_Alta, Activo) VALUES (12, 'CARLOS','TOJEIRO ALCALA', #01/01/2023#,False)

18. d) SELECT * FROM clientes as C WHERE C.OBSERVACIONES LIKE '%MAIL%'

19. d) Se utilizará junto a group by la cláusula having.

20. d) CONSTRAINT

SUPUESTO N.º 2

Referencia básica

- Bloque III: Desarrollo de Sistemas.
  * Tema 3: Lenguajes de interrogación de bases de datos. Estándar ANSI SQL. Procedimientos almacenados. Eventos y disparadores.

Enunciado

Una empresa ha creado un sistema de Calidad Documental ISO de control de documentos y accesos a los mismos. Se nos pide implementar la gestión para dicho sistema, que llamaremos **ISOCALMAD**.

En concreto, almacenaremos información de los documentos que tiene la empresa, los empleados que hay activos en la empresa, no borraremos empleados físicamente, solo se desactivan. Los empleados pertenecen a unos departamentos que también tendremos que almacenar. Si un empleado cambia de departamento solo se almacena el departamento en que está en cada momento.

Los documentos estarán divididos en Tipos que estarán perfectamente estructurados en una tabla que los define. Los empleados revisan los documentos y debemos almacenar esos accesos en día y hora. El hecho de que un empleado pueda acceder a un documento implica que deberemos almacenar esos permisos para que la aplicación las pueda usar de manera restrictiva, serán de Lectura, Escritura, Modificación y control Total. Estos permisos pueden cambiar por lo que los tendremos gestionados en una tabla específica.

Las tablas de la base de datos serán: "Empleados", "Documentos", "Departamentos", "Tipos Documentos", "Permisos", "Tipos Permisos" y por ultimo "Accesos".

Nuestra gestión se encargará de todos los procesos de datos con respecto a las tablas de las que hemos hablado, Insertar, eliminar o modificar datos, *querys* que se necesiten para tener control de todas las situaciones que sean necesarias en la gestión diaria de los datos.

Se trabajará con un SGBDR mediante lenguaje SQL. La estructura de la base de datos se creará empleando sentencias SQL que se ejecutarán sobre una herramienta que ofrece el propio SGBDR. Se diseñará además un programa cliente que enlazará con el SGBDR en el cual se realizarán las labores de consulta sobre la base de datos.

Vamos a ver a continuación las tablas de nuestra base de datos y los campos que las compondrán. Podremos ver en cada una de ellas el tipo de datos de cada campo y marcaremos el campo clave.

DEPARTAMENTOS

Nombre del campo	Tipo de datos
COD_DEPARTAMENTO	Texto corto
NOMBRE	Texto corto
UBICACION	Texto corto

EMPLEADOS

Nombre del campo	Tipo de datos
COD_EMPLEADO	Texto corto
NOMBRE	Texto corto
APELLIDOS	Texto corto
FECHA_ALTA	Fecha/Hora
ACTIVO	Sí/No
COD_DEPARTAMENTO	Texto corto

DOCUMENTOS

Nombre del campo	Tipo de datos
COD_DOCUMENTO	Texto corto
FECHA_CREACION	Fecha/Hora
TITULO	Texto corto
DESCRIPCION	Texto corto
COD_TIPO	Texto corto

TIPOS_DOCUMENTOS

Nombre del campo	Tipo de datos
COD_TIPO_DOC	Texto corto
TIPO	Texto corto
DESCRIPCION	Texto corto

TIPOS_PERMISOS

Nombre del campo	Tipo de datos
COD_TIPO_PERMISO	Texto corto
PERMISO	Texto corto
DESCRIPCION	Texto corto

PERMISOS

Nombre del campo	Tipo de datos
COD_PERMISO	Texto corto
COD_DOCUMENTO	Texto corto
COD_EMPLEADO	Texto corto
FECHA_ALTA	Fecha/Hora
COD_TIPO_PERMISO	Texto corto

ACCESOS

Nombre del campo	Tipo de datos
NUMERO_ACCESO	Autonumeración
COD_PERMISO	Texto corto
FECHA	Fecha/Hora
HORA	Fecha/Hora
OBSERVACIONES	Texto corto

A continuación, vemos también las relaciones que hay entre las diferentes tablas de la BBDD

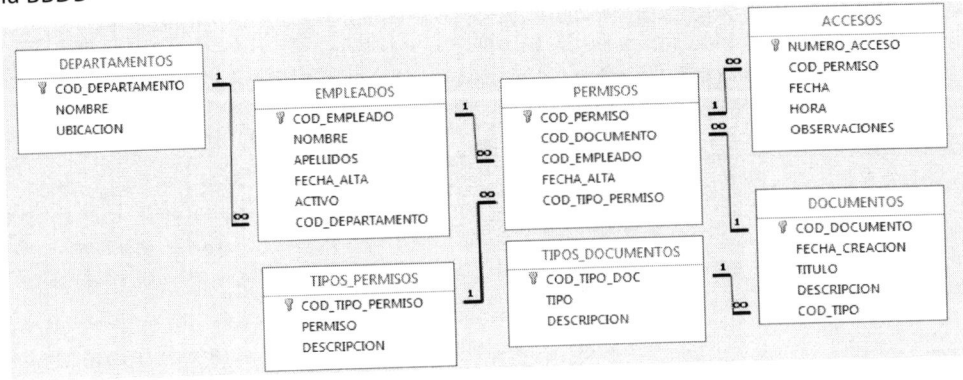

Preguntas

1. Se desean listar en nuestra BBDD ISOCALMAD los documentos creados en el año 2022 de TIPO "ADMINISTRACION":

a) SELECT COD_Documento FROM Documentos as DO INNER JOIN Tipos_Documentos as TI ON DO.Cod_Tipo=TI.Cod_tipo_Doc WHERE Tipo='ADMINISTRACION' AND Fecha_Creacion >='01/01/2022' AND Fecha_Creacion <'01/01/2023'

b) SELECT COD_Documento FROM Documentos as DO INNER JOIN Tipos_Documentos as TI ON DO.Cod_Documento=TI.Cod_tipo_Doc WHERE Tipo='ADMINISTRACION' AND Fecha_Creacion >='01/01/2022' AND Fecha_Creacion <'01/01/2023'

c) SELECT COD_Documento FROM Documentos as DO LEFT JOIN Tipos_Documentos as TI ON DO.Cod_Tipo=TI.Cod_tipo_Doc WHERE Tipo='ADMINISTRACION' AND Fecha_Creacion >='01/01/2022' AND Fecha_Creacion <'01/01/2023'

d) SELECT COD_Documento FROM Documentos as DO LEFT JOIN Tipos_Documentos as TI ON DO.Cod_Documento=TI.Cod_tipo_Doc WHERE Tipo='ADMINISTRACION' AND Fecha_Creacion >='01/01/2022' AND Fecha_Creacion <'01/01/2023'

2. Listado de los Empleados Activos y que pertenezcan actualmente al departamento de código 'D1':

a) SELECT * FROM Empleados as EM LEFT JOIN Departamentos as DE ON EM.Cod_Departamento=DE.Cod_Departamento WHERE DE.Cod_departamento='D1'

b) SELECT * FROM Empleados as EM INNER JOIN Departamentos as DE ON EM.Cod_Departamento=DE.Cod_Departamento WHERE DE.Cod_departamento='D1'

c) SELECT * FROM Empleados WHERE Cod_departamento='D1'

d) Las repuestas b) y c) son correctas.

3. Se necesita saber a cuántos documentos puede tener acceso el empleado de código "E1" con el menor número de tablas usadas para el propósito:

a) SELECT COUNT(*) AS Total FROM Permisos AS PE WHERE Cod_Permiso ÍS NOT NULL AND Cod_Empleado='E1'

b) SELECT COUNT(*) AS Total FROM Permisos AS PE WHERE Cod_Empleado='E1'

c) SELECT COUNT(*) AS Total FROM Permisos AS PE INNER JOIN Empleados as EM ON PE.Cod_Empleado=EM.Cod_Empleado WHERE Cod_Empleado='E1'

d) SELECT COUNT(*) AS Total FROM Permisos AS PE LEFT JOIN Empleados as EM ON PE.Cod_Empleado=EM.Cod_Empleado WHERE Cod_Empleado='E1'

4. Si usamos la cláusula inner join en una consulta entre dos tablas de nuestra BBDD ISOCALMAD, queremos:

a) Indicar que se combinen los campos con resultados distintos.

b) Indicar que se combinen todos los campos, aunque los resultados sean diferentes de la tabla origen.

c) Indicar que se combinen los campos con resultados comunes.

d) Indicar que se combinen todos los campos, aunque los resultados sean diferentes de la tabla destino.

5. Si queremos eliminar un objeto de la BBDD ISOCALMAD, usaremos el comando SQL:

a) Alter.

b) Drop.

c) Erase.

d) Delete.

6. Al usar la expresión "COUNT (*)":

a) Al utilizar dicha expresión no se puede poner "DISTINCT".

b) Nos devuelve el número de valores de la columna.

c) Al utilizar dicha expresión se debe poner también "DISTINCT".

d) Las respuestas a) y b) son ciertas.

7. Al usar LEFT JOIN:

a) Todos los registros de la primera tabla se incluyen en la combinación, junto con los registros de la segunda tabla en los que coinciden los campos especificados.

b) Todos los registros de la segunda tabla se incluyen en la combinación, junto con los registros de la primera tabla en los que coinciden los campos especificados.

c) Todos los registros de la segunda tabla se excluyen en la combinación, junto con los registros de la primera tabla en los que coinciden los campos especificados.

d) Las respuestas a) y b) son correctas.

8. ¿Cuál de las siguientes no es una instrucción DML?

a) SELECT.

b) INSERT.

c) UPDATE.

d) Todas son DML.

9. ¿Cómo se añadiría a la tabla EMPLEADOS un campo que almacene el salario anual del empleado?

a) MODIFY TABLE EMPLEADOS ADD COLUMN salario_anual MONEY.

b) ALTER TABLE EMPLEADOS INSERT COLUMN salario_anual CURRENCY.

c) MODIFY TABLE EMPLEADOS ADD COLUMN salario_anual CURRENCY.

d) ALTER TABLE EMPLEADOS ADD COLUMN salario_anual CURRENCY.

10. A modo de backup se desea hacer una copia de todos los registros de la tabla ACCESOS hasta el comienzo del 2023 a una nueva tabla con la misma estructura que la anterior que podemos llamar ACCESOS2022:

a) SELECT * INTO ACCESOS2022 FROM Accesos WHERE Fecha<#01/01/2023#
b) SELECT * FROM Accesos INTO ACCESOS2022 WHERE Fecha<#01/01/2023#
c) SELECT * FROM Accesos INSERT TO ACCESOS2022 WHERE Fecha<#01/01/2023#
d) INSERT * TO ACCESOS2022 FROM Accesos WHERE Fecha<#01/01/2023#

11. Queremos añadir un DOCUMENTO nuevo a nuestra BBDD ISOCALMAD, para ello usaremos:

a) INSERT INTO Documentos(cod_documento,titulo,cod_tipo) ('REF_XX1E', 'Gestión Administrativa de Tipo 1E','T18')
b) INSERT ISOCALMAD INTO Documentos(cod_documento,titulo,cod_tipo) VALUES ('REF_XX1E', 'Gestión Administrativa de Tipo 1E','T18')
c) INSERT INTO Documentos(cod_documento,titulo,cod_tipo) VALUES ('REF_XX1E', 'Gestión Administrativa de Tipo 1E','T18')
d) Ninguna es cierta.

12. Queremos eliminar todos los PERMISOS del empleado "E4" por haber causado baja en la empresa:

a) DELETE * FROM PERMISOS WHERE Cod_Empleado='E4'
b) SUPR * FROM PERMISOS WHERE Cod_Empleado='E4'
c) DROP * FROM PERMISOS WHERE Cod_Empleado='E4'
d) DEL * FROM PERMISOS WHERE Cod_Empleado='E4'

13. ¿Cuál de las siguientes expresiones es verdadera en el uso de HAVING?

a) Especifica qué registros agrupados se muestran en una instrucción SELECT con una cláusula GROUP BY. Cuando GROUP BY ya ha combinado registros.
b) Especifica qué registros agrupados se muestran en una instrucción UPDATE con una cláusula GROUP BY. Cuando GROUP BY ya ha combinado registros.
c) HAVING muestra cualquier registro agrupado por la cláusula GROUP BY que satisfaga las condiciones de la cláusula HAVING.
d) Las respuestas a) y c) son correctas.

14. Para manejar una expresión de cadena con una posible máscara de datos en una consulta de selección podremos usar el operador:

a) =
b) LIKE
c) #
d) IN

15. Se determina crear un índice (que admitirá valores duplicados) que llamaremos INDEMP para la tabla EMPLEADOS sobre los campos NOMBRE y APELLIDOS:

a) CREATE INDEX NOT UNIQUE INDEMP ON EMPLEADOS (Apellidos,Nombre)
b) CREATE INDEX INDEMP ON EMPLEADOS (Apellidos, Nombre)
c) CREATE INDEX ON EMPLEADOS (Apellidos, Nombre) INDEMP
d) CREATE INDEX ON EMPLEADOS (Apellidos+Nombre) INDEMP

16. Queremos tener un listado con el número total de documentos por fecha de creación que se hayan dado de alta antes de enero de 2023:

a) SELECT count(*) AS Total, fecha_creacion FROM Documentos HAVING fecha_creacion < 01/01/23
b) SELECT count(*) AS Total, fecha_creacion FROM Documentos GROUP BY fecha_creacion HAVING fecha_creacion <01/01/23
c) SELECT num(*) AS Total, fecha_creacion FROM Documentos GROUP BY fecha_creacion HAVING fecha_creacion <01/01/23
d) SELECT count(*) AS Total, fecha_creacion FROM Documentos GROUP BY fecha_creacion < 01/01/23

17. En nuestra BBDD ISOCALMAD, queremos un listado de los Códigos de Empleados que accedieron a documentos el día 3 de marzo de 2022:

a) SELECT E.Cod_empleado FROM Empleados AS E WHERE E.Cod_Empleado=Accesos.Cod_Permiso AND Fecha=#3/3/2022#
b) SELECT DISTINCTROW P.Cod_Empleado FROM Permisos AS P, Accesos AS AC WHERE AC.Fecha=#3/3/2022#
c) SELECT P.Cod_Empleado FROM Permisos AS P, Accesos AS AC WHERE AC.Fecha=#3/3/2022#
d) SELECT DISTINCTROW P.Cod_Empleado FROM Permisos AS P, Accesos AS AC WHERE P.Cod_Permiso=AC.Cod_Permiso AND AC.Fecha=#3/3/2022#

18. Se necesita un listado de los Empleados (Nombre y Apellidos) que no tengan Permiso para acceder al Documento "REF-GJ88":

a) SELECT EMPLEADOS.NOMBRE, EMPLEADOS.APELLIDOS FROM EMPLEADOS INNER JOIN PERMISOS ON EMPLEADOS.COD_EMPLEADO = PERMISOS.COD_EMPLEADO WHERE PERMISOS.COD_EMPLEADO Is Null AND PERMISOS.COD_DOCUMENTO='REF-GJ88'
b) SELECT EMPLEADOS.NOMBRE, EMPLEADOS.APELLIDOS FROM EMPLEADOS RIGHT JOIN PERMISOS ON EMPLEADOS.COD_EMPLEADO = PERMISOS.COD_EMPLEADO WHERE PERMISOS.COD_EMPLEADO Is Null AND PERMISOS.COD_DOCUMENTO='REF-GJ88'
c) SELECT EMPLEADOS.NOMBRE, EMPLEADOS.APELLIDOS FROM EMPLEADOS LEFT JOIN PERMISOS ON EMPLEADOS.COD_EMPLEADO = PERMISOS.COD_EMPLEADO WHERE PERMISOS.COD_EMPLEADO Is Null AND PERMISOS.COD_DOCUMENTO='REF-GJ88'
d) Ninguna es correcta.

19. Para actualizar los datos de las tablas de nuestra BBDD ISOCALMAD usaremos:

a) DOWNLOAD
b) SETDOWNLOAD
c) UPGRADE
d) UPDATE

20. ¿Cuál de las siguientes definiciones es correcta?

a) La cláusula Having y Group By nunca pueden ir juntas en la misma sentencia.
b) La cláusula Having implica que se tiene que poner también Group By.
c) La cláusula Group By implica que se tiene que poner también Having.
d) Las respuestas a) y b) son ciertas.

Solución al supuesto n.º 2

1. a) SELECT COD_Documento FROM Documentos as DO INNER JOIN Tipos_Documentos as TI ON DO.Cod_Tipo=TI.Cod_tipo_Doc WHERE Tipo='ADMINISTRACION' AND Fecha_Creacion >='01/01/2022' AND Fecha_Creacion <'01/01/2023'

2. d) Las repuestas b) y c) son correctas.

3. b) SELECT COUNT(*) AS Total FROM Permisos AS PE WHERE Cod_Empleado='E1'

4. c) Indicar que se combinen los campos con resultados comunes.

5. b) Drop.

6. d) Las respuestas a) y b) son ciertas.

7. a) Todos los registros de la primera tabla se incluyen en la combinación, junto con los registros de la segunda tabla en los que coinciden los campos especificados.

8. d) Todas son DML.

9. d) ALTER TABLE EMPLEADOS ADD COLUMN salario_anual CURRENCY.

10. a) SELECT * INTO ACCESOS2022 FROM Accesos WHERE Fecha<#01/01/2023#

11. c) INSERT INTO Documentos(cod_documento,titulo,cod_tipo) VALUES ('REF_XX1E','Gestión Administrativa de Tipo 1E','T18')

12. a) DELETE * FROM PERMISOS WHERE Cod_Empleado='E4'

13. d) Las respuestas a) y c) son correctas.

14. b) LIKE

15. CREATE INDEX INDEMP ON EMPLEADOS (Apellidos, Nombre)

16. b) SELECT count(*) AS Total, fecha_creacion FROM Documentos GROUP BY fecha_creacion HAVING fecha_creacion <01/01/23

17. d) SELECT DISTINCTROW P.Cod_Empleado FROM Permisos AS P, Accesos AS AC WHERE P.Cod_Permiso=AC.Cod_Permiso AND AC.Fecha=#3/3/2022#

18. c)SELECT EMPLEADOS.NOMBRE, EMPLEADOS.APELLIDOS FROM EMPLEADOS LEFT JOIN PERMISOS ON EMPLEADOS.COD_EMPLEADO = PERMISOS.COD_EMPLEADO WHERE PERMISOS.COD_EMPLEADO Is Null AND PERMISOS.COD_DOCUMENTO='REF-GJ88'

19. d) UPDATE

20. b) La cláusula Having implica que se tiene que poner también Group By.

SUPUESTO N.º 3

Referencia básica

- Bloque III: Desarrollo de Sistemas.
  - * Tema 4: Diseño y programación orientada a objetos. Elementos y componentes software: objetos, clases, herencia, métodos, sobrecarga. Ventajas e inconvenientes. Patrones de diseño y lenguaje de modelado unificado (UML).
  - * Tema 5: Arquitectura Java EE y plataforma.NET: componentes, persistencia y seguridad. Características, elementos y funciones en ambos entornos.

Enunciado

Se pretende diseñar un sistema que permita el archivo de todos los expedientes que una determinada administración genera. Para ello se ha decidido utilizar un lenguaje de programación orientado a objetos. En primer lugar, se nos ha solicitado un diagrama de clases en UML. Tras un primer análisis de los posibles lenguajes de programación se opta por realizar el programa en JAVA. Se nos requiere que el sistema pueda almacenar el número de referencia del informe, el autor del informe, departamento responsable de la emisión del informe y el número de páginas del informe.

Se nos ha proporcionado un fragmento del código de esta aplicación.

```
public class Informe {

    private int numInforme
    private String autor;
    private String departamento;
    private int numPaginas;

    public Informe(int pNumInforme, String pAutor, String pDepartamento, int pNumPaginas){
        numInforme=pNumInforme;
        autor=pAutor;
        departamento=pDepartamento;
        numPaginas=pNumPaginas;
    }
```

```java
    public int getNumInforme() {
        return numInforme;
    }

    public void setNumInforme(int numInforme) {
        this.numInforme = numInforme;

    public String getAutor() {
        return autor;
    }

    public void setAutor(String autor) {
        this.autor = autor;
    }

    public String getDepartamento() {
        return departamento;
    }

    public void setDepartamento(String departamento) {
        this.departamento = departamento;
    }

    public int getNumPaginas() {
        return numPaginas;
    }

    public void setNumPaginas(int numPaginas) {
        this.numPaginas = numPaginas;
    }

    @Override
    public String toString(){
        return "El informe "+ numInforme +" del departamento "+deparatamento+""
            + " creado por "+autor
            + " tiene "+numPaginas+" páginas";
    }
}
```

Preguntas

1. En la programación orientada a objetos se da un cambio de paradigma que tiene como base de trabajo:

a) La clase.
b) El atributo.
c) El objeto.
d) El código.

2. Antes de afrontar el proyecto debemos ver el marco de desarrollo de una aplicación software, que está compuesto por:

a) Análisis, diseño e implementación.
b) Análisis, diseño y codificación.
c) Análisis, codificación e implementación.
d) Codificación, diseño e implementación.

3. El Análisis Orientado a Objetos se mueve en el dominio:

a) De la programación.
b) De la solución.
c) Del problema.
d) De la codificación.

4. Cada nivel de abstracción se representa en el sistema:

a) En términos de componentes, ignorando su constitución interna.
b) En términos de componentes, contemplando su constitución interna.
c) En términos de objetos, buscando los detalles de cada elemento.
d) En términos de objetos, contemplando las especificidades de los elementos.

5. El encapsulado público permite:

a) Acceder las funciones de clases heredadas.
b) Puede acceder a los datos o métodos de una clase.
c) El acceso está restringido a las clases.
d) El acceso está restringido a los métodos de esa clase.

6. Una clase:

a) Si es superclase no puede ser subclase.
b) Si es subclase no puede ser superclase.
c) Puede ser superclase y subclase de la misma clase.
d) Si es superclase de otra clase, y subclase de otra clase a la vez.

7. La herencia permite la reutilización del código de las superclases:

a) Tantas veces como superclases se terminen generando.
b) Tantas veces como subclases se terminen generando.
c) Tantas veces como superclases y subclases se terminen generando.
d) No se puede reutilizar.

8. El estado de un objeto:

a) No está influido por la historia del objeto.
b) Representa el comportamiento sin el efecto acumulado.
c) Representa el efecto acumulado de su comportamiento.
d) Todas las respuestas anteriores son incorrectas.

9. Un comportamiento selector:

a) Accede al estado de un objeto, sin alterarlo.
b) Permite a todas las partes de un objeto ser accedidas en un orden.
c) Crea un objeto y/o inicializa su estado.
d) Libera el estado de un objeto y/o destruye el objeto.

10. Los objetos se relacionan por medio de:

a) Links.
b) Agregaciones.
c) Links y agregaciones.
d) Links, agregaciones y asociaciones.

11. En el fragmento de código suministrado se está generando:

a) Una clase.
b) Un objeto.
c) Un link.
d) Un prototipo.

12. La asociación de clases:

a) Permite relaciones de mandato bidireccionales.
b) Determina la clase cliente y la clase servidor.
c) Se da cuando la clase contenida no existe independientemente de la clase que la contiene.
d) Se da cuando la clase contenida existe independientemente de la clase que la contiene.

13. Los atributos son:

a) Un valor único.
b) Un conjunto de valores.
c) Un conjunto de valores numéricos.
d) Un conjunto de valores alfanuméricos.

14. Los atributos:

a) Son propios.
b) Se pueden heredar.
c) Son siempre heredados.
d) Todas las respuestas anteriores son incorrectas.

15. Los métodos los podemos clasificar en cuatro tipos:

a) Constructor, destructor, modificador y analizador.
b) Constructor, destructor, modificador y depurador.
c) Constructor, destructor, asociador y analizador.
d) Constructor, destructor, asociador y depurador.

16. Los mensajes facilitan:

a) El uso de unos objetos por parte de otros.
b) El uso de unas clases por parte de los objetos.
c) El uso de unos objetos por parte de las clases.
d) Todas las respuestas anteriores son correctas.

17. En nuestro supuesto se ha optado por la programación orientada a objetos, y esto se ha debido a características como:

a) Modularidad.
b) Mayor rapidez.
c) Fácil aprendizaje.
d) Todas las respuestas anteriores son correctas.

18. En los diagramas UML las cosas de estructura:

a) Son las partes dinámicas de los modelos.
b Son las partes estáticas de un modelo.
c) Son los elementos de organización de los modelos.
d) Son los elementos de explicación que forman parte de los modelos.

19. En la versión UML 2.0 existen:

a) 11 tipos de diagramas.
b) 14 tipos de diagramas.
c) 15 tipos de diagramas.
d) 18 tipos de diagramas.

20. En nuestro supuesto se nos solicita realizar un diagrama de clases. ¿Qué muestra este diagrama?

a) Las dependencias y el sistema de organización entre una serie de componentes.
b) La relación entre componentes de software y el hardware.
c) Cómo un sistema se divide en paquetes.
d) Los elementos estáticos de un sistema.

Solución al supuesto n.º 3

1. c) El objeto.

2. a) Análisis, diseño e implementación.

3. c) Del problema.

4. a) En términos de componentes, ignorando su constitución interna.

5. b) Puede acceder a los datos o métodos de una clase.

6. d) Si es superclase de otra clase, y subclase de otra clase a la vez.

7. b) Tantas veces como subclases se terminen generando.

8. c) Representa el efecto acumulado de su comportamiento.

9. a) Accede al estado de un objeto, sin alterarlo.

10. c) Links y agregaciones.

11. a) Una clase.

12. a) Permite relaciones de mandato bidireccionales.

13. b) Un conjunto de valores.

14. b) Se pueden heredar.

15. a) Constructor, destructor, modificador y analizador.

16. a) El uso de unos objetos por parte de otros.

17. a) Modularidad.

18. b Son las partes estáticas de un modelo.

19. b) 14 tipos de diagramas.

20. d) Los elementos estáticos de un sistema.

SUPUESTO N.º 4

Referencia básica

- Bloque III: Desarrollo de Sistemas.
  - * Tema 6. Arquitectura de sistemas cliente/servidor y multicapas: componentes y operación. Arquitecturas de servicios web y protocolos asociados.
  - * Tema 7. Aplicaciones web. Desarrollo web front-end y en servidor, multiplataformas y multidispositivos. Lenguajes: HTML, XML y sus derivaciones. Navegadores y lenguajes de programación web. Lenguajes de script.
- Bloque IV: Sistemas y Comunicaciones.
  - * Tema 4. Administración de redes de área local. Gestión de usuarios. Gestión de dispositivos. Monitorización y control de tráfico.

Enunciado

A continuación, se muestra el contenido de una página HTML con el siguiente texto:

```
<!DOCTYPE html>
<html lang="es">
<head>
 <meta charset="UTF-8">
 <meta name="viewport" content="width=device-width, initial-scale=1.0">
 <title>Página web de Ejemplo</title>
 <script>
 document.addEventListener('contextmenu', e => e.preventDefault());
 window.onload = () => alert('Mensaje de prueba 1');
 window.onunload = () => alert('Mensaje de prueba 2');
 let color = "red";
```

```
function BlinkIt() {
  const blink = document.getElementById("blink");
  if (blink) {
    color = (color === "#ffffff") ? "red" : "#ffffff";
    blink.style.color = color;
    blink.style.fontSize = '36px';
  }
}
setInterval(BlinkIt, 500);
</script>
</head>
<body>
  <div id="blink">P&Aacute;GINA DE EJEMPLO EMPRESA CASO PR&Aacute;CTICO</div>
  <a name="etiqueta"></a>
  <p><strong>P&Aacute;GINA EJEMPLO PARA SUPUESTO PR&Aacute;CTI-CO</strong></p>
  <p>P&aacute;gina de ejemplo que muestra contenidos muy importantes:</p>
  <ul>
    <li>Relacionados con el sector 1.</li>
    <li>Relacionados con el &aacute;rea XY.</li>
    <li>Relacionados con la divisi&oacute;n Z.</li>
  </ul>
  <p>Es necesario destacar las caracter&iacute;sticas siguientes:</p>
  <ol>
    <li>Perfil de las personas.</li>
    <li>Productos fabricados.</li>
    <li>Nuevos productos en per&iacute;odo de investigaci&oacute;n.</li>
  </ol>
  <p>Para m&aacute;s informaci&oacute;n, se disponen de los siguientes recursos:</p>
```

```
<table border="1">
 <caption>RECURSOS DISPONIBLES</caption>
 <thead>
  <tr>
   <th>P&aacute;gina del ministerio</th>
   <th>
    <a href="http://www.minetad.gob.es" target="_blank"
     onmouseover="alert('Mensaje de pruebas 3'); return false;">
     Enlace 1
    </a>
   </th>
   <th>Informaci&oacute;n clasificada de inter&eacute;s 1</th>
  </tr>
 </thead>
 <tbody>
  <tr>
   <td><strong>Informaci&oacute;n sobre energ&iacute;a</strong></td>
   <td>
    <a href="http://www.energía.es" target="_blank">
     <img src="imagen.jpg" alt="Energ&iacute;a" width="100" height="102"
class="img-responsive">
    </a>
   </td>
   <td>Informaci&oacute;n clasificada de inter&eacute;s 2</td>
  </tr>
 </tbody>
</table>
<br>
<img src="empresa.gif" alt="Empresa" usemap="#zonas">
<map name="zonas">
 <area shape="rect" coords="20,25,155,83" href="zona1.html" alt="Zona 1">
 <area shape="rect" coords="106,100,254,170" href="zona2.html" alt="Zona 2">
```

```
   <area shape="rect" coords="106,300,254,370" href="zona3.html" alt="Zona 3">
</map>
<br><br>
<form action="/cgi-bin/programa.exe" method="get">
 <label for="nombre">Nombre:</label>
 <input name="nombre" id="nombre" size="30"><br>
 <label for="dni">DNI:</label>
 <input name="dni" id="dni" size="40" maxlength="9"><br><br>
 <input type="submit" value="Enviar">
 <input type="reset" value="Borrar">
</form>
<p><a href="#etiqueta">Pulsa aqu&iacute; AHORA</a></p>
<p>
 <a href="javascript:if (confirm('Mensaje de prueba 1000')) { win-dow.
location='http://www.prueba.es'; }">
    IR A PRUEBA
 </a>
 </p>
</body>
</html>
```

Preguntas

1. Imagina que esta página se encuentra alojada en un servidor accesible por usuarios a través de Internet. Además, el servidor tiene instalado un sistema gestor de bases de datos (SGBD) para almacenar y recuperar información. Este escenario se corresponde con:

a) *Fat client.*
b) *Thin server.*
c) Modelo de dos capas.
d) Ninguna de las respuestas es correcta.

2. Una aplicación web en la que muchos clientes se conectan a un servidor que gestiona la lógica de negocio y, a su vez, este se comunica con un servidor de base de datos, se encuadra en:

a) Un modelo de 2 capas.
b) Un modelo de 3 capas.
c) Un modelo peer-to-peer.
d) Ninguna de las respuestas es correcta.

3. ¿Qué diferencia existe entre las etiquetas <ul> y <ol> en HTML?

a) Ambas crean listas, pero <ul> genera listas desordenadas y <ol> listas ordenadas.
b) <ul> crea listas universales y <ol> listas originales..
c) Son etiquetas intercambiables.
d) Ninguna de las respuestas es correcta.

4. En el ejemplo del enunciado se ha creado una tabla. ¿Cuántas filas y columnas tiene la tabla del ejemplo?

a) 2 filas y 2 columnas.
b) 2 filas y 3 columnas.
c) 3 filas y 2 columnas.
d) 3 filas y 3 columnas.

5. En el código que se muestra, hay una imagen que tiene un hipervínculo. ¿Cuál es la URL de ese hipervínculo?

a) No hay imágenes que contengan hipervínculos.
b) http://www.minetad.gob.es
c) http://www.energía.es
d) a href="http://www.minetad.gob.es

6. Respecto al control de viñetas en listas desordenadas en HTML5:

a) El tipo de viñeta no puede modificarse.
b) Solo se permiten círculos como viñetas.
c) Se puede personalizar el tipo de viñeta mediante CSS.
d) Ninguna de las respuestas es correcta.

7. ¿Por qué es importante definir el atributo alt en una imagen HTML?

a) Define el texto que aparece al pasar el ratón sobre la imagen.
b) Es obligatorio para que se muestre la imagen.
c) Ayuda a los usuarios con discapacidad visual describiendo la imagen.
d) No tiene ningún efecto real en el navegador.

8. El enlace <a href="#etiqueta">Pulsa aquí AHORA</a> se conoce como:

a) Enlace contextual.
b) Ancla o marcador interno.
c) Hinpervínculo externo.
d) Enlace flotante.

9. Si se tiene el siguiente código HTML en un archivo práctica.html:

```
<frameset cols="20%,80%">
 <frame src="pagina1.html">
 <frame src="prueba.html">
</frameset>
```

Esto indica que:

a) prueba.html contiene un enlace a práctica.html.
b) práctica.html muestra prueba.html en una subventana.
c) Se ha creado un formulario en prueba.html.
d) Son dos documentos totalmente independientes.

10. Cuando se visualiza el documento HTML en un navegador, la imagen empresa.gif tiene una característica especial:

a) Se han definido zonas sobre ella, sobre las que se ha definido hipervínculos que llevan a otras páginas.
b) Si se hace pasar el ratón por encima de la imagen, esta cambia mostrando zona1.html, zona2.html y zona3.html.
c) Es el logotipo de la empresa y al ser un gif, está animado.
d) Ninguna de las respuestas es correcta.

11. Al final del documento HTML se muestran las etiquetas <form> ... </form>. Se usan para especificar:

a) Ejecutar código Java.
b) Insertar applet.
c) Crear formularios web.
d) Crear ventanas emergentes.

12. ¿Qué sucede si cambiamos el contenido del formulario por el siguiente código?

```
<form>
    <input type="button" value="TEXTO DE PRUEBAS" name="Back2" onclick="history.back()" />
</form>
```

a) Se genera un botón que lleva a la página anterior del historial.
b) Se crea un enlace para enviar el formulario.

c) Muestra un mensaje en la consola.
d) Ninguna de las respuestas es correcta.

13. ¿Qué habría que cambiar en el código de la pregunta anterior para que al pulsar sobre TEXTO DE PRUEBAS se cierre la ventana del navegador?

a) Cambiar type = "window.close".
b) Cambiar name = "close".
c) Cambiar onclick=window.close
d) Ninguna de las respuestas es correcta.

14. ¿Qué habría que cambiar en el código de la pregunta 12 para que al pulsar sobre TEXTO DE PRUEBAS se mostrara una alerta?

a) Cambiar onclick='alert("ESTA ES UN EJEMPLO DE ALERTA.")'.
b) Cambiar value="Click Aquí para ver el ALERTA".
c) Cambiar type="window.alert".
d) Ninguna de las respuestas es correcta.

15. ¿Dónde se ejecuta el archivo programa.exe referenciado en el atributo action del formulario?

a) En el servidor.
b) En el navegador del cliente.
c) En la red.
d) En una máquina intermedia.

16. El código contenido en "programa.exe", alojado en la carpeta /cgi-bin/, se puede considerar:

a) Un archivo multimedia.
b) Un CGI que procesa los datos del formulario.
c) Un applet Java.
d) Ninguna de las respuestas es correcta.

17. En el contexto anterior, ¿qué es programa.exe?

a) Un script PHP.
b) Un CGI.
c) Un *servlet*.
d) Un archivo HTML.

18. ¿Qué indica la carpeta /cgi-bin/ en la ruta del formulario?

a) Que el archivo se encuentra en el equipo cliente.
b) Es la ubicación donde se almacenan los scripts ejecutables del servidor.

c) Es un nombre arbitrario sin función técnica.

d) Ninguna de las respuestas anteriores..

19. Si la máquina cliente está configurada con RAID 0, esto implica:

a) Alta disponibilidad y redundancia.

b) Mejora en la velocidad de escritura, sin redundancia.

c) Seguridad ante fallos de disco.

d) Peor rendimiento en lectura.

20. ¿Qué diferencias hay entre RAID 0 y RAID 1?

a) RAID 1 proporciona redundancia duplicando los datos.

b) RAID 0 permite recuperación ante fallos.

c) RAID 0 es más seguro que RAID 1.

d) RAID 1 divide los datos entre varios discos para más velocidad.

21. ¿Qué hace el siguiente fragmento en JavaScript del ejemplo?

```
document.addEventListener('contextmenu', e => e.preventDefault());
```

a) Impide cambiar el color de fondo.

b) Muestra una alerta.

c) Desactiva el clic derecho del ratón.

d) Cierra la pestaña actual.

Solución al supuesto n.º 4

1. d) Ninguna de las respuestas es correcta.

2. b) Un modelo de 3 capas.

3. a) Ambas crean listas, pero <ul> genera listas desordenadas y <ol> listas ordenadas.

4. b) 2 filas y 3 columnas.

5. c) http://www.energía.es

6. c) Se puede personalizar el tipo de viñeta mediante CSS.

7. c) Ayuda a los usuarios con discapacidad visual describiendo la imagen.

8. b) Ancla o marcador interno.

9. b) práctica.html muestra prueba.html en una subventana..

10. a) Se han definido zonas sobre ella, sobre las que se ha definido hipervínculos que llevan a otras páginas.

11. c) Crear formularios web.

12. a) Se genera un botón que lleva a la página anterior del historial..

13. d) Ninguna de las respuestas es correcta.

14. a) Cambiar onclick='alert("ESTA ES UN EJEMPLO DE ALERTA.")'.

15. a) En el servidor.

16. b) Un CGI que procesa los datos del formulario.

17. b) Un CGI.

18. b) Es la ubicación donde se almacenan los scripts ejecutables del servidor.

19. b) Mejora en la velocidad de escritura, sin redundancia.

20. a) RAID 1 proporciona redundancia duplicando los datos.

21. c) Desactiva el clic derecho del ratón.